シリーズ「遺跡を学ぶ」129

日本海側最大級の縄文貝塚
小竹貝塚

町田賢一

新泉社

日本海側最大級の縄文貝塚
―小竹貝塚―

町田賢一

【目次】

編集委員
勅使河原彰（代表）
小野　昭
小野正敏
石川日出志
小澤　毅
佐々木憲一

装幀　新谷雅宣
本文図版　松澤利絵

第1章　日本海側最大級の貝塚

1　地表下二メートルで発見

一面に広がる水田、それがいま、小竹貝塚《おだけかいづか》のある場所だ（図1）。そこに北陸新幹線（長野〜金沢間）建設が計画され、二〇〇九年五月に確認調査をおこなうことになった。

小竹貝塚は史跡にこそなっていないが、〝日本海側最大級の貝塚〟が眠っているとされ、現地に案内板が立つほど富山県では著名な遺跡だ。そんなすごい遺跡の調査を担当することになった私は、遺跡の破壊を心配しつつも、貝塚の実態がわかるのではないかと期待に胸を躍らせていた。

通常、富山県では地表から五〇センチも掘れば遺構や遺物がみつかり、遺跡の有無がわかる。ところが、確認調査では一メートル掘ってもなにも出てこない。堆積土は青灰色のシルトや粘土質で、人間が生活した痕跡がありそうな雰囲気はなかった。調査地点は、県の遺跡地図に記

図１● 小竹貝塚と地下２mからあらわれた貝層
上：貝塚周辺の現況。貝塚の存在は看板以外にうかがいしれない。下：重機の掘削ではじめてみつかった貝層。底面にある白い粒がヤマトシジミ。

されている遺跡範囲の南端近くであったため、もしやハズレかと思った。

けれども、著名な遺跡なのであきらめきれず、重機のオペレーターに機械が届く最深部まで掘削をお願いした。すると二メートルを超えたところで土層が急変した。それまでの黒ずんでいた土壌が突如、真っ白に変わったのである。

それは大量の貝殻、ヤマトシジミの貝層だった。調査員一同、驚くとともに鮮烈な印象だった。こんな深くに立派な貝層が埋もれているなどとは想像できなかった。ただ、それは日本海側最大級の貝塚の一端にすぎなかったのである。

2　呉羽丘陵と放生津潟

小竹貝塚は富山県を東西に分ける呉羽《くれは》丘陵（通称、呉羽山《くれはやま》）の西側裾部にある（図2・3）。地元ではこの呉羽丘陵を境に積雪量などの気候や方言などの文化が異なるといい、東側を呉東《ごとう》、西側を呉西《ごせい》とよんでいる。小竹貝塚は現在の行政区分では富山市呉羽町にあり県東部ということになるが、地理的条件からは呉西となり県西部の影響下にある。

小竹貝塚がある平野は、岐阜県から富山湾に注ぐ東の神通川《じんづうがわ》と西の庄川《しょうがわ》の二大河川にはさまれた低地で、射水《いみず》平野とよばれる。現在の行政区分では富山市、射水市、高岡市にまたがる標高約一〜一〇メートルの沖積平野で、北は富山湾、南は呉羽・射水丘陵などの丘陵部に面している。

図2 ● 小竹貝塚の位置
呉羽丘陵の裾部、東の神通川と西の庄川にはさまれた
射水平野の縁辺に小竹貝塚はある。

射水平野はかつて放生津潟《ほうじょうづがた》とよばれる潟とその周囲に広がる低地で、一九六八年に富山新港完成によって潟が消滅し水田地帯となった。富山県の地学研究の第一人者である藤井昭二さんによれば、ボーリングなどの地質調査の結果と遺跡の分布状況から、小竹貝塚があった縄文時代前期には射水平野のほとんどが水域だったようだ（**図4**）。

その理由は、縄文海進にあるといわれている。温暖化によって極地の氷河が溶け、海水面が上昇し、それまでの陸地が水面下となった。関東地方では海水面が三メートル以上も上昇し、現在の栃木県や群馬県の平野部にまで海水が入り込んできたという。日本海側でも縄文海進の影響を受け、現在の平野部の多くが水没していたとみられている。

ただし、新潟県の金子拓男さんや石川県の藤則雄さんは、遺跡の分布や立地から、日本海側では太平洋側ほど大規模な海進はなかったと考えてい

図3●呉羽丘陵からみた射水平野
呉羽山にのぼると手前に住宅地、そのむこうに水田（射水平野）が広がり、奥に能登半島にかこまれた富山湾を眺めることができる。

る。私も北陸地方の貝塚における貝層の標高を調べた結果、いずれも低いところに形成されていることがわかり、太平洋側ほど海進は大きくなかったと考えている。最近でも、魚津市教育委員会の麻柄一志《まがらひとし》さんらが、射水平野でおこなったボーリングデータから大きな海進はなかったと考えている。

日本海は太平洋よりも狭く湖状であり、日本海側の陸地は山地から海までの距離が短く急峻な河川が多いため、縄文海進であっても河川から供給される水流の影響で海水部分に砂丘や砂州が発達し汽水化したと考えられる。

藤井さんは、射水平野は当時、富山湾の一部であり、河川の流入によってすぐに砂丘列ができ汽水域となったようで、平野にある小竹貝塚、蜆ヶ森《しじみがもり》貝

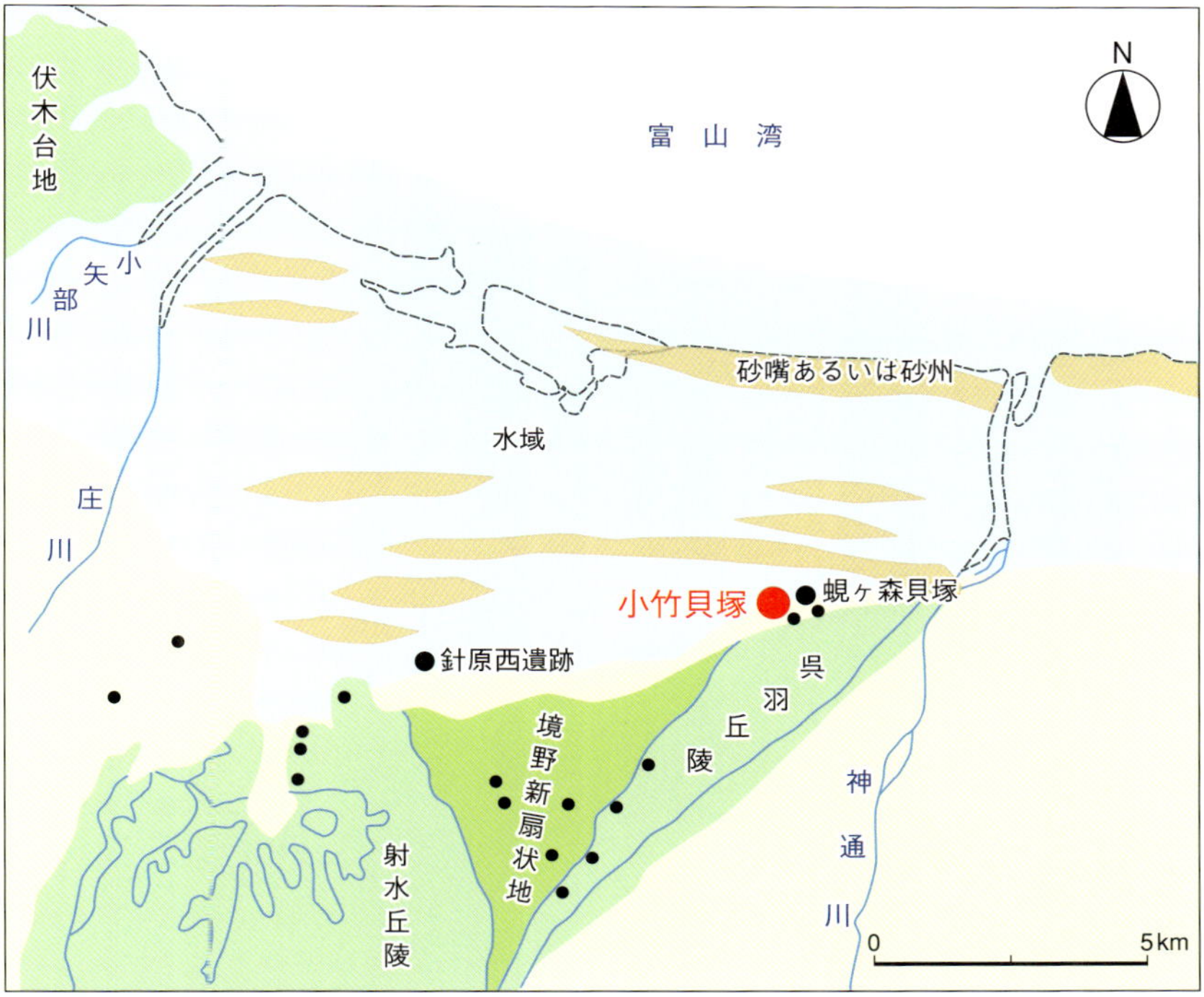

図４ ● 縄文時代前期の射水平野
藤井昭二さんが想定する縄文時代前期の射水平野の図に小竹貝塚、蜆ヶ森貝塚、針原西遺跡の位置を入れた（ドットは縄文時代の遺跡）。

塚、針原西《はりわらにし》遺跡の三つある貝塚はすべて縁辺部、すなわち汽水湖畔に立地していたとしている。

一般的には日本海側には貝塚は少ないといわれている。全国に約二五〇〇あるといわれる貝塚の半数以上は関東地方にあり、東北、九州、東海地方と続く。日本海側の貝塚は全体の一割にも満たない。

この理由について、縄文時代研究の第一人者、山内清男《やまのうちすがお》さんはかつて、「日本海岸は潮差が少い！そして太平洋岸は遥に多いのである。日本海岸に貝塚の少い原因の一つは、この点にあるのではないかと思はれる」と述べ、現在でもそれが通説化している。たしかに日本海側では干満の差を利用する採貝活動、つまり潮干狩りは不向きであり、実際、海水産の貝類が多く出土する貝塚は少ない。先にあげたようにヤマトシジミを主体とする汽水性の貝塚なのである。

しかし、日本海側の貝塚は沖積地に多く立地しているため、土地の沈降が大きく、河川の斜度が急で土壌の堆積が早く、地中深くに埋没しみつかりにくいという面もあるのではないか。つまり〝埋もれた貝塚〟が多いのだ。日本海側で有名な貝塚である福井県の鳥浜《とりはま》貝塚では、地表より一メートル以上も掘り下げないと貝層はあらわれない。

そのため関東地方のような地表面に貝殻が散在している状況はほとんどなく、貝塚をみつけることと自体が難しいのが実情だ。小竹貝塚の貝層が地表下二メートルにあったように、日本海側には未知の貝塚が埋もれているのかもしれないのである。じつは、一九三八年に早稲田大学の直良信夫《なおらのぶお》さんが太平洋側と日本海側との貝塚の量比について地形の相違が大きいと述べており、先見の明があったといえる。

第２章　小竹貝塚を掘る

１　小竹貝塚発掘史

高瀬保さんの試掘

小竹貝塚が知られるようになったのは、地元中学校の教師だった高瀬保《たもつ》さんが一九五八年に発表した「呉羽町小竹の貝塚について」（『越中史壇』第一四号）からだ。高瀬さんは一九五五年に呉羽中学校に赴任した際、小竹と現在の富山市呉羽町付近の高木のあいだで過去に架線電柱工事の際に大量の貝が出土したことを聞き、貝塚の存在を予見していた。

そして一九五八年に同地区で鉄塔工事があり、基礎工事で地下約二・七メートルまで掘ったところで大量の貝殻や土器などが出土したことを知った。このことから高瀬さんは、地元住民と相談し、貝塚の確証を得るために試掘することにしたのである。

試掘は四カ所で、うち二カ所で地表面から深さ約一・五〜一・八メートル下でヤマトシジミやオオタニシを主体とする貝層を発見した。そして出土した羽状《うじょう》縄文の土器片から、貝層は縄文時代前期のものと考えた。また、地元住民の聞き取り調査などを参考に、東西約五〇メートル、南北約一五〇メートルの貝層の広がりを推定した（図5）。

高瀬さんの試掘は規模が小さく、また水が湧き出たために掘削が浅いところでとどまったが、聞き取り調査とあわせて貝塚の様相を具体的に推定したことは評価すべきことであり、小竹貝塚発掘の嚆矢といえる。当時、富山県では蜆ヶ森貝塚と氷見《ひみ》市の朝日貝塚が知られているだけだったが、高瀬さんの報告によって、小竹貝塚は富山県の三大貝塚の一つといわれることになった。

岡崎卯一さんの試掘調査

その後一九六四年、富山北部高校教師であった岡崎卯一《ういち》さんが高瀬さんの記した貝層範囲を確かめるため、一カ所で試掘調査をおこなった。それによると、地表下八〇センチまでが表土および褐色土層、その下三五センチが黒色泥炭層で、その

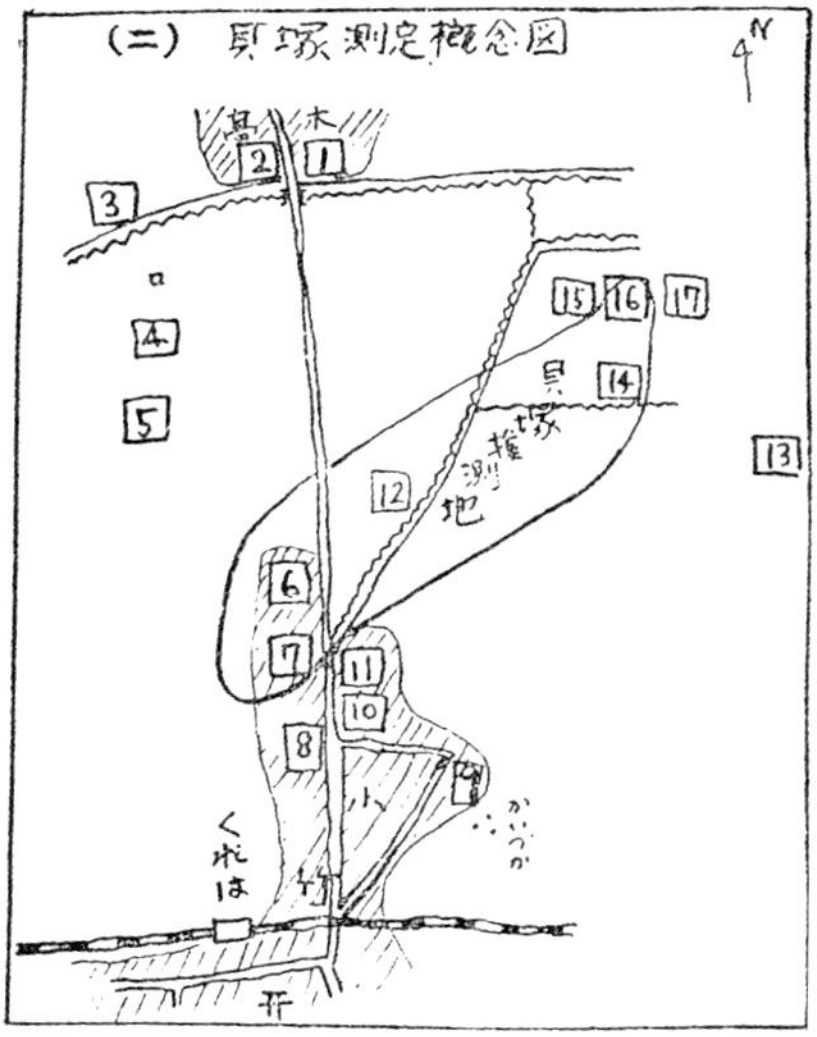

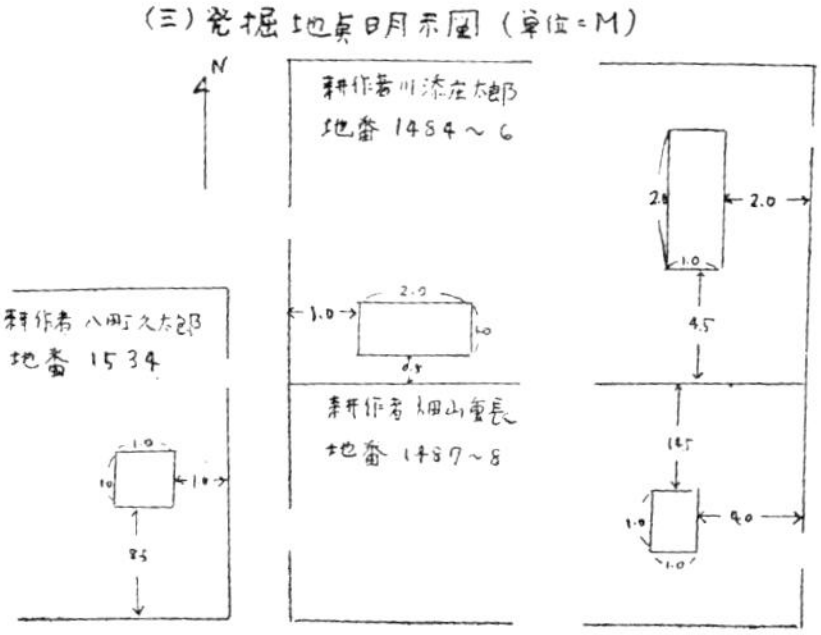

図5 ● 高瀬保さんの貝塚概念図（左）と試掘調査図（右）
左：貝塚の範囲をはじめて示した図。右：試掘調査位置図で、左側は左図の12番、右側は左図の14・15・16番。それぞれ幅1m、長さ1～2m。約1km東にある蜆ヶ森貝塚の延長とも考えた。

下に一五〇センチの貝層（ほとんどヤマトシジミ）があり、その下が砂層であったという。この貝層の高さは現在の海面よりも一メートル足らず上であり、縄文時代前期という海進期にありながら低い部分に貝塚があることが問題であるとし、岡崎さんはその原因を土地の沈降と考えた（**図6**）。

また学習院大学理学部の木越邦彦さんが貝殻の放射性炭素年代測定をおこない、未較正ながら四八〇〇年±二〇〇年以前（紀元前二八五〇年）という年代を出した。今日の年代値とは開きがあるが、小竹貝塚ではじめての理化学的な手法を用いた年代測定値である。

みえてきた貝塚の形と人骨の発見

一九七〇年一〇月、小竹貝塚付近で圃場整備とそれにともなう排水路（新鍛冶川《しんかじがわ》）掘削の工事が進められることになり、富山中部高校教諭だった小島俊彰さん、小杉高校地歴クラブ、富山北部高校地歴同好会員らが予備調査をおこなった。二×二メートルの試掘坑を六カ所設置し人力で掘削した。貝殻はみつからなかったが、深さ約一・五メートル下から縄文時代前期の土器や石器

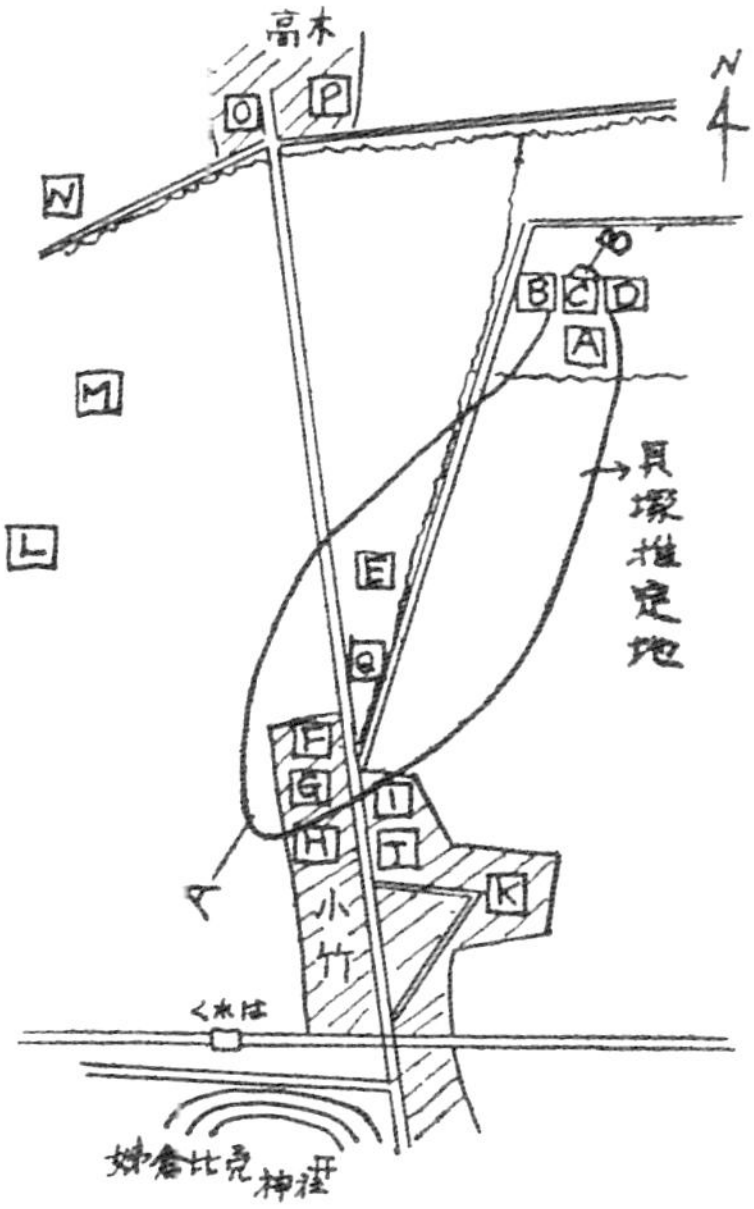

図6 ● 岡崎卯一さんの貝塚範囲想定図
高瀬保さんの図をもとに、岡崎卯一さんが試掘調査（F・Q地区）をふまえて想定した貝塚の範囲。

を数多く発見した。

　この結果を受けて遺跡の現地保存の協議がおこなわれたものの、計画どおりの工事が実施されることとなった。このため一九七一年二月～三月、富山県教育委員会の橋本正さんを中心に小竹貝塚ではじめて本調査がおこなわれることになった（**図7**）。

　しかし、本調査といっても現場は低湿地で湧水やヘドロ状の土質であることや、天候は雪といった悪条件が重なり、遺物の原位置を特定することも難しく、貝塚の詳細な状況を明らかにすることはできなかった。それでも小竹貝塚には土器包含地点、貝塚第1地点（ヤマトシジミ主体）、貝塚第2地点（オオタニシ・ヤマトシジミ主体）というように調査地点によって異なる様相があることを明らかにした。

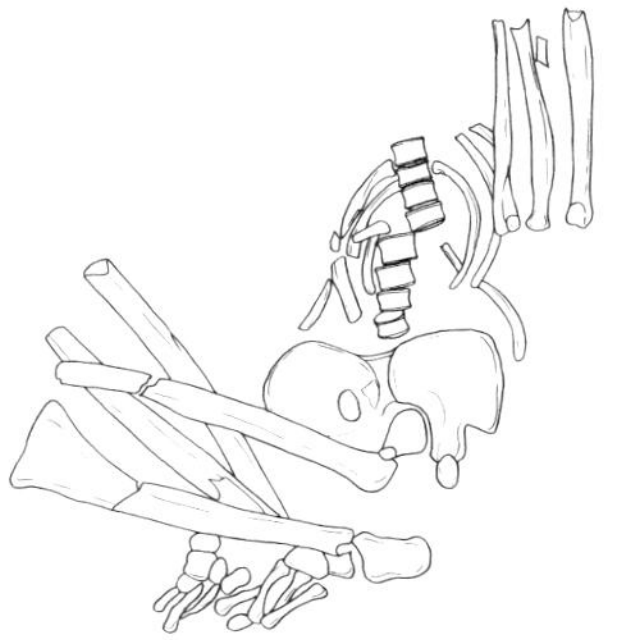

図7 ● 1971年の富山県教育委員会の調査と出土人骨図
行政機関がはじめておこなった本調査の様子。白いのは貝層ではなく雪。上はこの調査ではじめてみつかった埋葬人骨の図。

また橋本さんは、土器包含地点と貝塚第２地点のあいだには遺物のない高台（後に竪穴建物などがみつかる）があり、これをかこむいわば馬蹄形に貝塚と土器包含地点が分布すると推定し、縄文時代前期としては国内でも数少ない大貝塚と考えた。

さらにこの調査で、はじめて埋葬人骨がみつかっている。頭部は失われていたが、それ以外は完全な状態の屈葬人骨で、後に富山大学の林夫門《ふもん》さんと溝口優司《ゆうじ》さんが四肢骨を分析し、推定身長一六一・一センチの成人男性と報告している。厚いヤマトシジミの貝層と埋葬人骨といった小竹貝塚の特徴を示す遺物がこの時すでに発見されたのである。

日本海側最大級の貝塚へ

さらに一九七二年一二月、県教委の調査を受けて富山市教委の藤田富士夫さんらが、藤井昭二さんらの協力をえて、貝塚の範囲確認調査をおこなった（図８）。直径一〇センチのハンドオーガーという簡

図８ ● 1972年の富山市教育委員会の調査
遺跡範囲を確かめるために簡易ボーリングをおこなっている様子。
この調査でおおよその貝層範囲がわかった。

易なボーリング機器を用いて、三四カ所で貝殻の有無を調査した結果、貝層は地表下約一・五メートルにあり、宅地部分については調査できなかったものの、貝塚の広がりは、少なくとも東西約五〇メートル、南北九〇メートルの弧状を呈していることを確認した。この調査によって小竹貝塚は〝日本海側最大級の貝塚〟とよばれるようになったのである。

また同年、富山考古学会の吉久《よしひさ》登さんと本江《ほんごう》洋さんは、県教委調査の掘り残し部分にあたる新鍛冶川の川底調査を実施した。調査はスコップで掘削した土壌をフルイによって微細な遺物をとりあげるもので、それまでにはみたことがないほどの大量の骨角器や動植物遺存体を発見した。

調査条件が厳しいなかで豊富な資料を採取できたことは重要で、自費出版で報告書『小竹貝塚　写真集　骨角器編』を発行し（図9）、骨角器の写真を示して分類したことも重要な業績である。

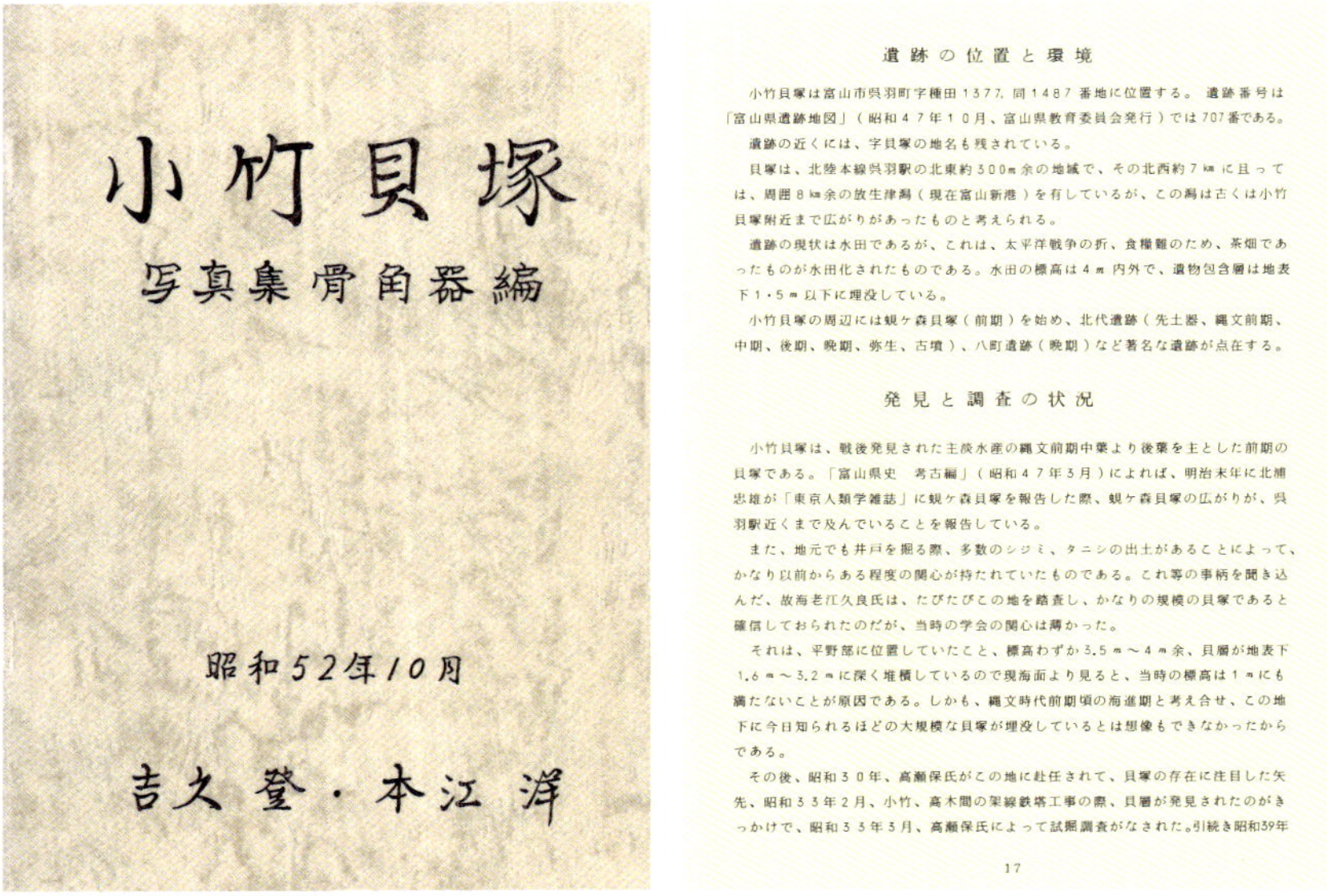

遺跡の位置と環境

小竹貝塚は富山市呉羽町字種田1377, 同1487番地に位置する。遺跡番号は「富山県遺跡地図」（昭和47年10月、富山県教育委員会発行）では707番である。

遺跡の近くには、字貝塚の地名も残されている。

貝塚は、北陸本線呉羽駅の北東約300m余の地域で、その北西約7kmに且っては、周囲8km余の放生津潟（現在富山新港）を有しているが、この潟は古くは小竹貝塚附近まで広がりがあったものと考えられる。

遺跡の現状は水田であるが、これは、太平洋戦争の折、食糧難のため、茶畑であったものが水田化されたものである。水田の標高は4m内外で、遺物包含層は地表下1・5m以下に埋没している。

小竹貝塚の周辺には蜆ケ森貝塚（前期）を始め、北代遺跡（先土器、縄文前期、中期、後期、晩期、弥生、古墳）、八町遺跡（晩期）など著名な遺跡が点在する。

発見と調査の状況

小竹貝塚は、戦後発見された主淡水産の縄文前期中葉より後葉を主とした前期の貝塚である。「富山県史　考古編」（昭和47年3月）によれば、明治末年に北浦忠雄が「東京人類学雑誌」に蜆ケ森貝塚を報告した際、蜆ケ森貝塚の広がりが、呉羽駅近くまで及んでいることを報告している。

また、地元でも井戸を掘る際、多数のシジミ、タニシの出土があることによって、かなり以前からある程度の関心が持たれていたものである。これ等の事柄を聞き込んだ、故海老江久良氏は、たびたびこの地を踏査し、かなりの規模の貝塚であると確信しておられたのだが、当時の学会の関心は薄かった。

それは、平野部に位置していたこと、標高わずか3.5m〜4m余、貝層が地表下1.6m〜3.2mに深く堆積しているので現海面より見ると、当時の標高は1mにも満たないことが原因である。しかも、縄文時代前期頃の海進期と考え合せ、この地下に今日知られるほどの大規模な貝塚が埋没しているとは想像もできなかったからである。

その後、昭和30年、高瀬保氏がこの地に赴任されて、貝塚の存在に注目した矢先、昭和33年2月、小竹、高木間の架線鉄塔工事の際、貝層が発見されたのがきっかけで、昭和33年3月、高瀬保氏によって試掘調査がなされた。引続き昭和39年

17

図9●自費出版の報告書『小竹貝塚　写真集　骨角器編』
吉久登・本江洋さんが個人の努力で遺物を採集し、観察分類し、まとめた情熱のこもった書である。

小竹貝塚の範囲を地図にあらわす

それから二〇年近くたった一九九一年、遺跡内における用水路改修工事で貝層の一部がみつかった。現地を通りかかった富山考古学会の山内賢一さんと林寺厳州《はやしでらげんしゅう》さんは、工事の排土となっていた貝層を約一カ月かけて水洗選別し、とりだした遺物を約二カ月もかけて分類した。

その結果、縄文土器・石器・骨角器などの人工遺物のほかに、三八八二点にものぼる動物遺存体を抽出した。動物遺存体については、動物考古学の専門家であるいわき短期大学の山崎京美さんによってはじめて同定がおこなわれ、微細なものも抽出し精緻な分析結果が示された。また、それまで文章や略測図しかなかった貝塚の範囲を二五〇〇分の一の地図に表示した（**図10**）。弧状を呈する貝層と隣接する高台、それをかこむように遺物包含層が広がるという遺跡範囲が明確に示されたのもはじめてで、本格的な調査とはいえないが、小竹貝塚の実像にせまるものであった。

さらに二〇〇八〜一二年には、新鍛冶川の護岸工事にともなって富山市教委が調査をおこなった。調査地は水路の法面という限られた範囲であった

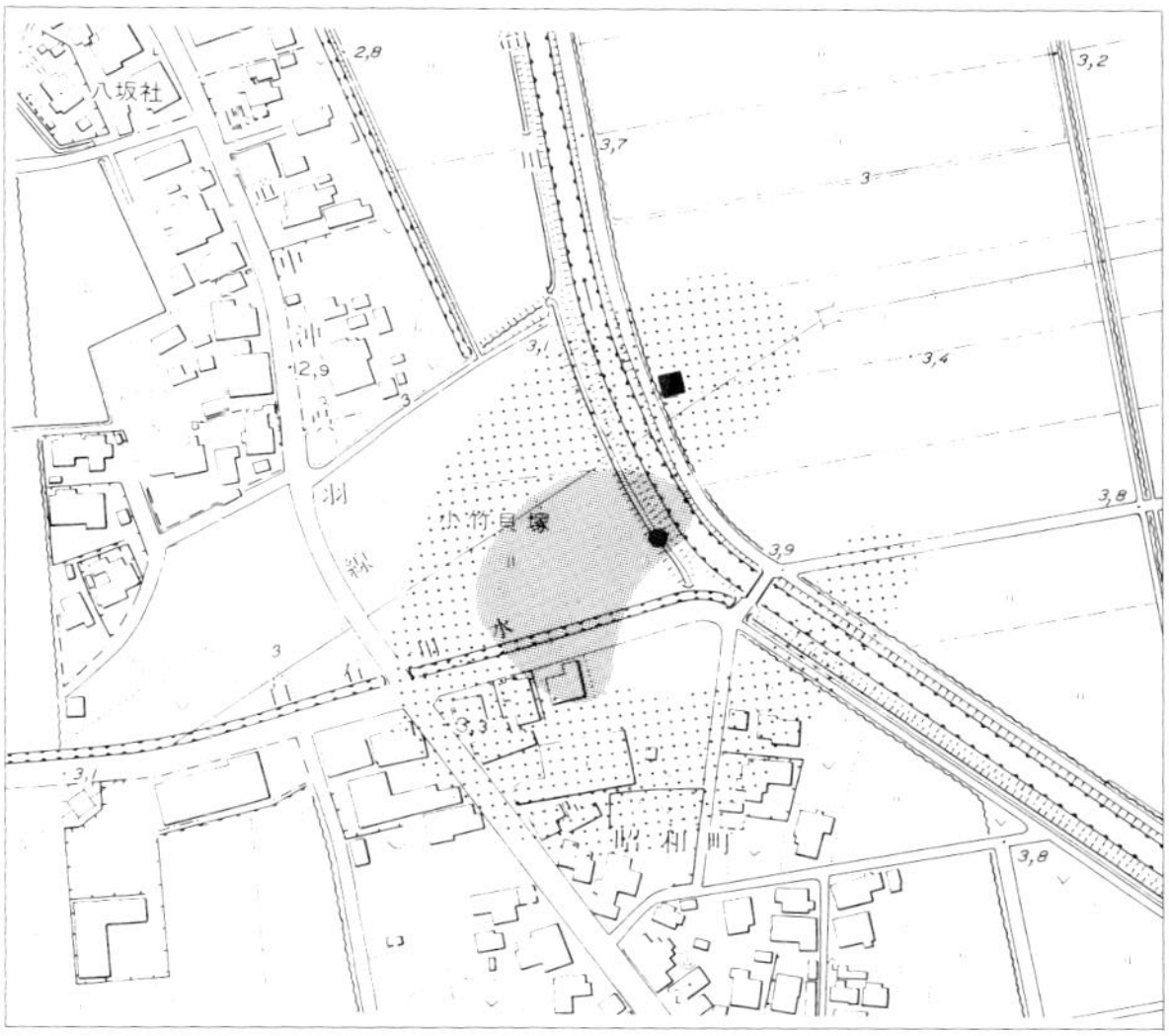

馬蹄形のアミ点部が遺物包含層で、その内側のグレー部分が貝層
●1991 年調査地点　■1987 年試掘調査地点

図10 ● はじめて示された小竹貝塚の範囲
行政機関がはじめて示した遺跡の範囲と貝層の広がり。

ものの、貝塚のほぼ中央部を南北に断ち割るような形になり、貝層や埋葬人骨とともに竪穴建物など主要な遺構をみつけた。

以上のような先人たちの小竹貝塚解明の積み重ね（一部、同時期の調査）のうえに、冒頭でふれた北陸新幹線にかかわる発掘調査がはじまるのである。

2 北陸新幹線と小竹貝塚の発掘

確認調査で五〇センチの貝層を発見

二〇〇四年、東京～長野間を走る長野新幹線が石川県金沢市まで延伸することが決まり（北陸新幹線）、富山県内各地でこの路線にかかる遺跡の分布調査や確認調査がおこなわれることになった。

小竹貝塚では遺跡の南側近辺を通ることとなり、まず確認調査がおこなわれた。二〇〇七～〇九年の確認調査は、私が所属する公益財団法人富山県文化振興財団埋蔵文化財調査事務所（以下、財団）がおこなうことになった。

図11 ● 確認調査でみつかった貝層
北陸新幹線関連の調査で、トレンチ底面からはじめてみつかった貝層（左）と出土したヤマトシジミ（右）。

二〇〇七年には遺跡の東側路線部分を対象とし、トレンチを三カ所設定して深さ二メートルまで掘削したものの、縄文時代の貝殻や土器などの遺物はみつからなかったが、堆積土から水域の一部であったとみられた。二〇〇八年には遺跡の中央部にあたる北陸新幹線建設にともなう用水路移設部分を対象とし、トレンチを一カ所設定し掘削したところ、深さ二〇センチのところで大量の縄文土器がみつかり、縄文時代前期の良好な遺物包含層が残っていることがわかった。そして二〇〇九年、遺跡の南部にあたる北陸新幹線路線部分を対象とした掘削の際に、本書冒頭に記したように、地表下約二〜三メートルでヤマトシジミの貝層と縄文時代前期の遺物包含層を発見したのである。貝層の厚さは五〇センチ以上におよぶこともわかった（図11）。

本調査の実施

以上の確認調査をふまえて、県教委と独立行政法人鉄道建設・運輸整備支援機構は協議し、北陸新幹線建設工事にかかり保存できない部分については財団が二〇〇九年と二〇一〇年の二カ年にわたって本調査をおこなうこととなった。

図12 ● 2009年の本調査（A地区）風景
北陸新幹線建設にともなって用水を移設することになった部分の調査区。左は新鍛冶川。

二〇〇九年には、用水路部分（A地区、**図15参照**）の本調査をおこなった（**図12**）。ここは新鍛冶川の東隣で、長さ約三八メートル・幅約五メートルと細長く、北西から南東方向にむかって傾斜する地形である。

北西側では地表面からすぐに地山があらわれ、竪穴建物や土坑などの遺構が密集し、居住域とみられた。一方、南東側の低地部分（**図13**）は有機質土やシルトで軟弱な層が堆積し、大量の縄文土器や石器などがみつかった。破砕されたヤマトシジミがまとまっている地点貝塚やイルカなどの動物遺存体がまとまって出土する箇所があり、加工・廃棄域であったのだろう。

遺構の時期は前期中葉~末葉で、竪穴建物九棟がある最盛期は前期後葉である。また遺構はないが前期前葉にさかのぼる土器片が数点みつかった。

二〇一〇年には北陸新幹線路線部分（B地区・C地区）の本調査をおこなった。路線部分の調査とい

図13 ● A地区の低湿地部調査
粘質性で足がとられ、身動きができないぐらいだったが、多量の土器・石器・骨角器・動物の骨がみつかった。

うことで、長さ約一一八メートル、幅約九メートルの細長い調査区となった。

地表下深くに貝層があることが予想されたので、調査区をかこむように鋼矢板を打設し、はじめは大型重機で深さ一・五メートルまで掘削し、その後、H形鋼でさらに補強し、そのあいだに小型重機をクレーンで搬入し、五〇センチ〜一メートル掘削した（**図14**）。北陸新幹線の開業は二〇一五年三月と決まっており、建設工事は急がれていたため、この機械掘削は通常発掘調査をおこなわない降雪時期にあたる一〜二月におこなった。降りしきる雪やみぞれのなかでの機械掘削の立会は、いま思い出してもたいへん厳しいものであった。

そうした苦労はあったが、この本調査によって、小竹貝塚はたんなる貝塚ではなく、さまざまな要素をもつ大きな集落で、それらの要素が遺跡内の立地と時期で異なることがわかってきた。起伏があり、それをうまく利用して集落を構成していたのである。

図14 ● **鋼矢板を入れた調査区と冬の機械掘削風景**
鋼矢板にかこまれた狭い範囲での表土や盛土の機械掘削は困難をきわめた。

第3章　小竹縄文ムラの変遷

前章でみてきた調査の結果、小竹貝塚はたんなる貝塚だけでなく、さまざまな要素をもつ大きな集落であり、これらが遺跡内に分布していることがわかってきた。

遺跡は東西約二七〇メートル、南北約二八〇メートルの、北に広がり南がややすぼまっている円形をしている（図15）。遺跡の中央を南東から北西に新幹線が通り、発掘調査したA地区は中央やや東側、B地区は南東側、C地区は南西側にあたる。

地表面からはわからないが、地表下には起伏があり、A地区の北側が高く、B地区、C地区の西側は低くなっている（図16）。小竹貝塚人は、その地形をうまく利用して集落を構成していたことがわかった。おおむね、高いところに竪穴建物などの居住域、低いところに貝殻などを捨て（廃棄域）、それがある程度たまったところで埋葬をおこなう墓域へと変化したようだ。これらは時期によって、とくに埋葬人骨とその前後の時期で様相が異なっている。それでは、大きく三つの時期に分けてみていこう。

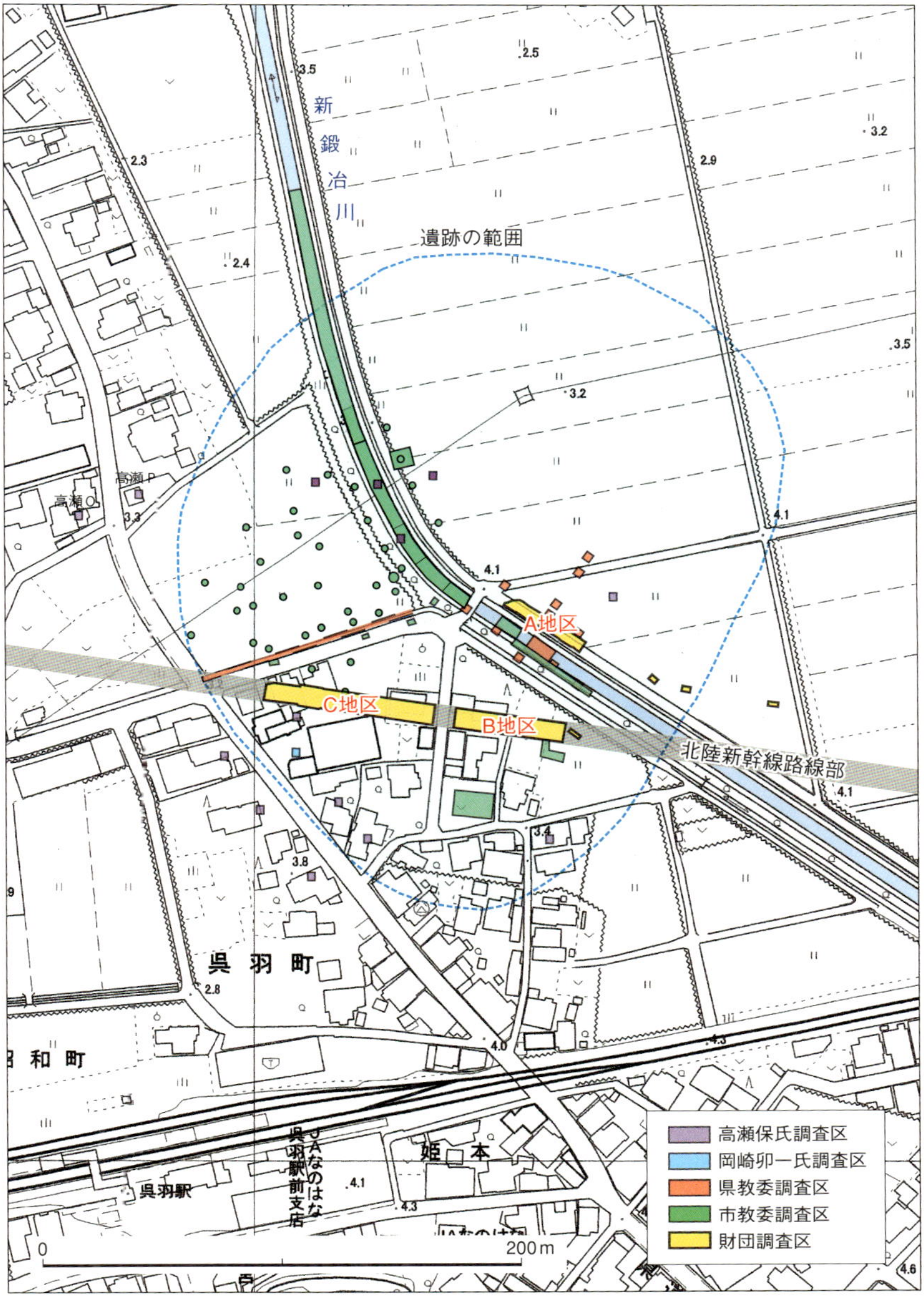

図 15 ● 小竹貝塚の各調査位置図
1958 年の高瀬保さんによる試掘調査以来、各所で調査がおこなわれているが、その面積は遺跡全体の 1 割にも満たない。

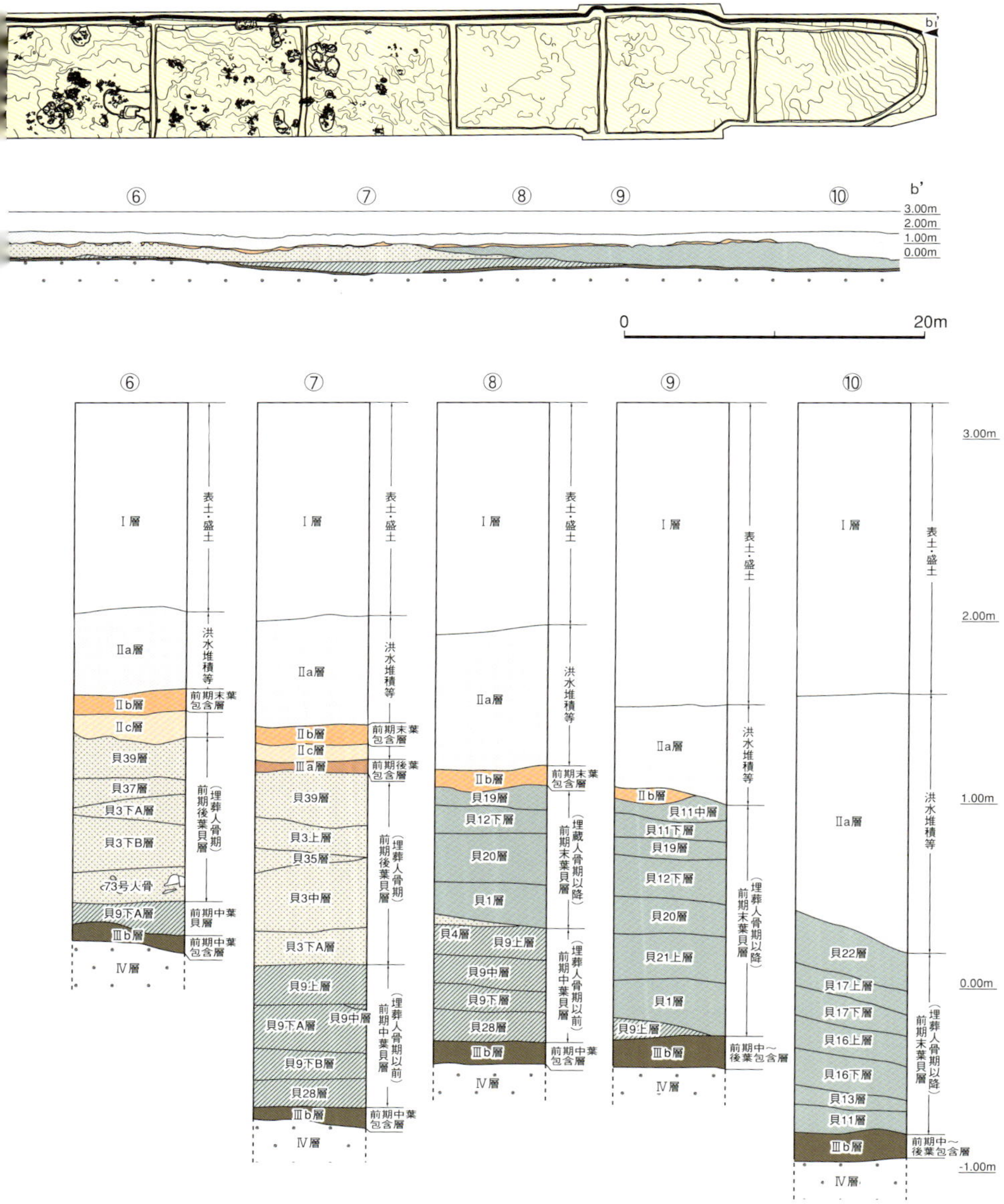
b'
⑥
⑦
⑧
⑨
⑩
3.00m
2.00m
1.00m
0.00m
0
20m
-1.00m
Ⅰ層
表土・盛土
Ⅱa層
洪水堆積等
Ⅱb層
Ⅱc層
前期末葉包含層
Ⅲa層
前期後葉包含層
貝39層
貝37層
貝3下A層
貝3下B層
73号人骨
(埋葬人骨期)前期後葉貝層
貝9下A層
前期中葉貝層
Ⅲb層
前期中葉包含層
Ⅳ層
貝3上層
貝35層
貝3中層
貝9上層
貝9中層
貝9下B層
貝28層
(埋葬人骨期以前)前期中葉貝層
貝19層
貝12下層
貝20層
貝1層
貝4層
貝9下層
(埋蔵人骨期以降)前期末葉貝層
貝11中層
貝11下層
貝21上層
(埋葬人骨期以降)前期末葉貝層
前期中～後葉包含層
貝22層
貝17上層
貝17下層
貝16上層
貝16下層
貝13層
貝11層

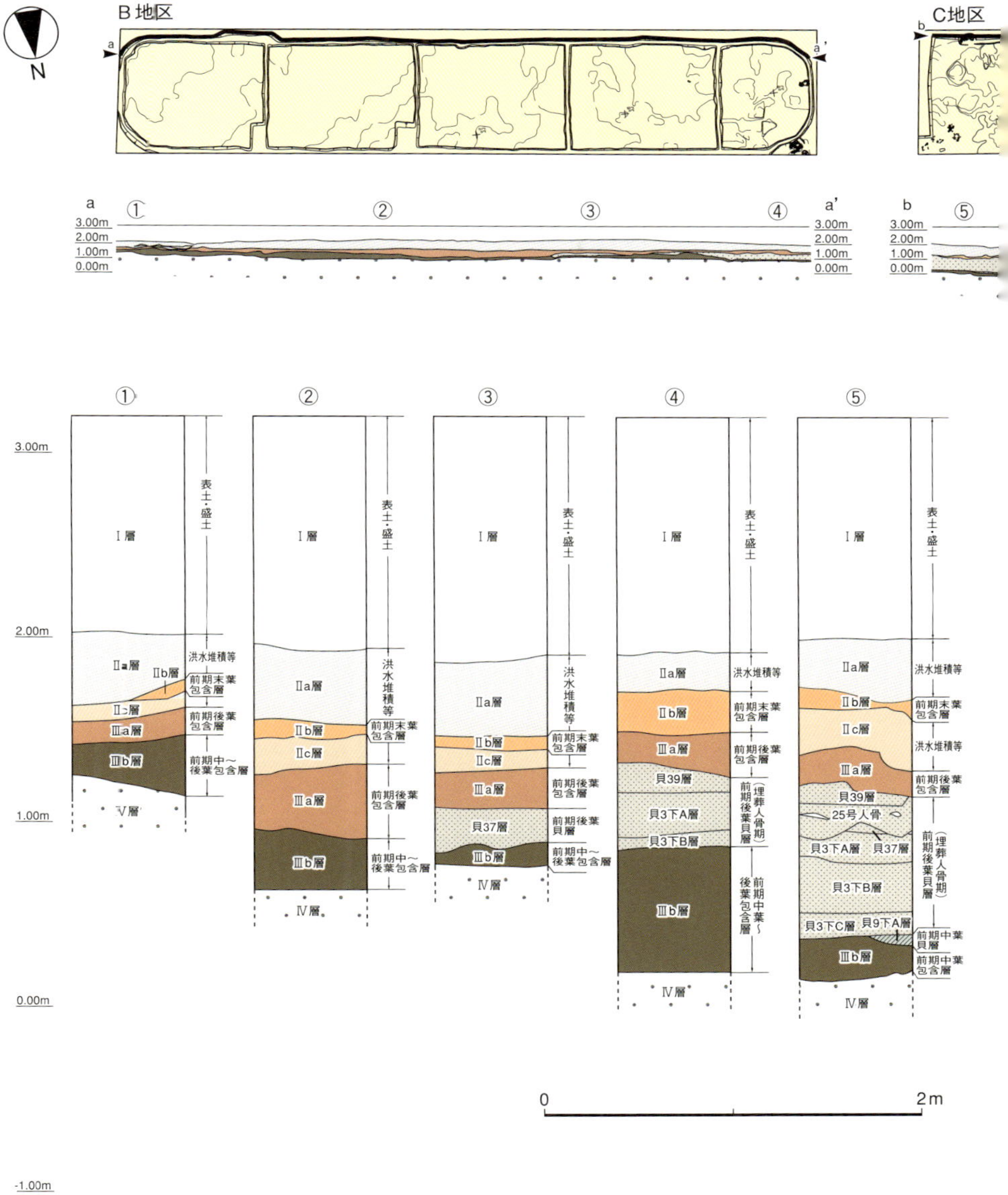

図 16 • B・C地区の基本層序
北陸新幹線路線部分の調査区における堆積状況を示したもの。当時は北東から南西に低くなっていたことがわかる。貝層はB地区西側とC地区全体に広がる。

1　出現期の集落——前期中葉

高台の居住域

小竹集落がはじまったのは、縄文時代前期中葉になる（土器型式でいうと朝日C式〔黒浜式併行期〕に相当）。土器に付着した炭化物の放射性炭素年代測定（AMS法）による較正年代では、いまからおよそ六三〇〇年前を中心に二〇〇年前後とみられる。

A地区の北側にあたる台地部では多数の土坑（穴）がみつかった（**図17**）。土坑は小が二〇センチから大で一・二メートルほどの楕円形や不整形で、深さ一〇〜九〇センチで、なかには二段に掘り下げたものもある。埋まった土をみると柱痕を確認できるものが多いことから、柱穴と考えられ、建物があった可能性がある。規則的にならぶものは数少ないが、土坑のサイズは大小あり、建物が複数回建てられた跡とみられる。

建物は円形の掘立柱建物とみられ、A地区内で少なくとも二棟を想定した。建物西側に隣接する市教委の調査

図17 ● A地区台地部の土坑群
台地部にある竪穴建物の下層から大きな穴がいくつもみつかった。建物の柱穴とみられる。

区でも遺構の広がりがあることから、遺跡東側に島状の高まりを居住域としていたものとみられる（図18）。

低湿地に作業をする板敷遺構が

居住域以外の部分は谷状の窪地がめぐっていて、水が浸みだすような低湿地層（泥炭層）となっていた。B地区・C地区の低湿地層では、板材をならべた板敷遺構（水場遺構）が四カ所みつかった（図18・19）。

第1号板敷遺構は逆さにした二艘の丸木舟を含む板材を敷く遺構である。トチノキの舟体のみのものとケヤキの舟尾のみのもので、舟尾には耳状の突起がついている。

第2号板敷遺構は、丸木舟を含む板材を北西―南東方向にならべて敷く遺構である。第1号板敷遺構同様に丸木舟を逆さにして敷板に転用している。トチノキの丸木舟は舟尾の両側に耳状の突起をつけている。耳状の突起は鳥浜貝塚の1号丸木舟のものと類似しており、その関係性がうかがえる。

第3号板敷遺構は板材や丸太材を北西―南東方向にな

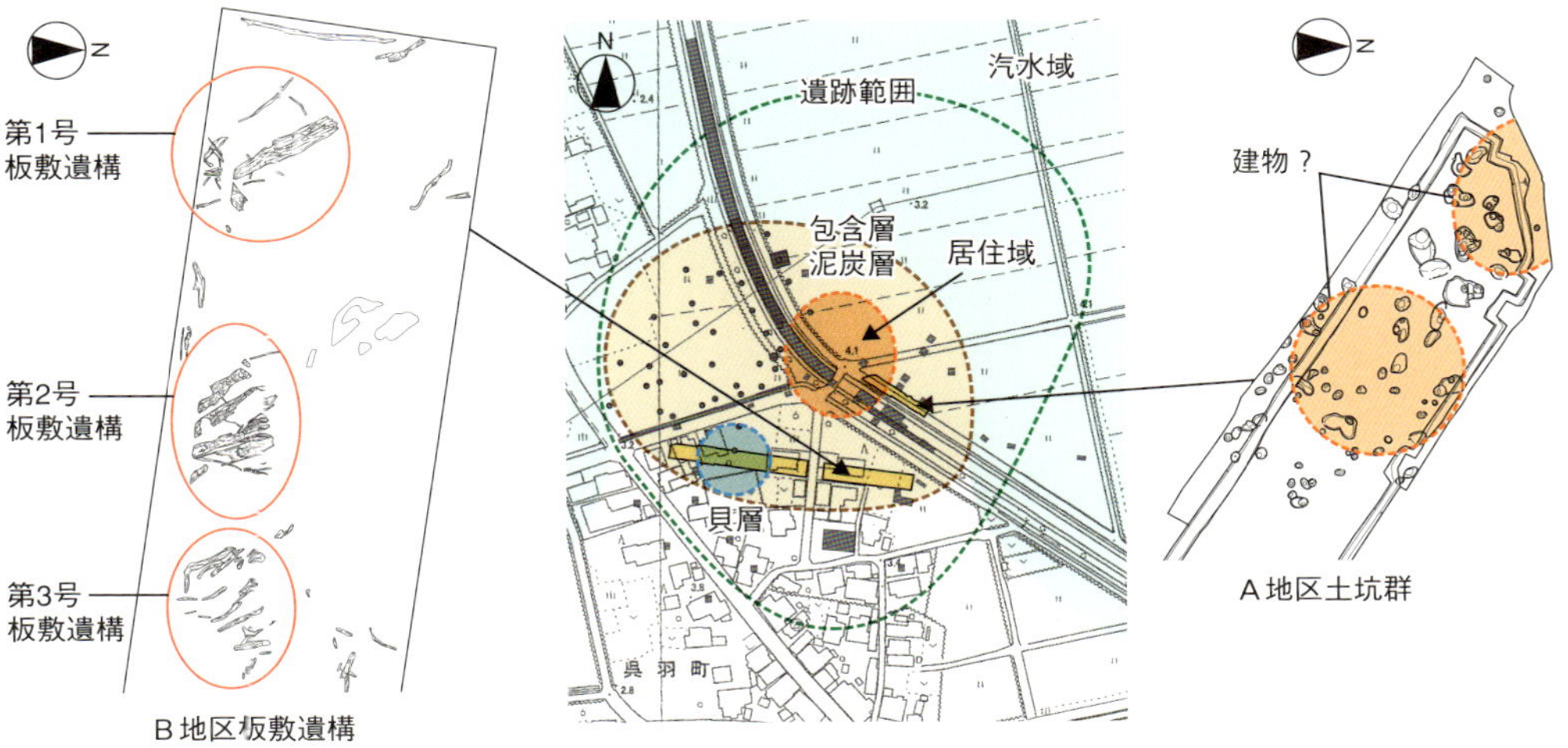

図18 ● 前期中葉の集落想定図
貝層の形成は一部にとどまり、台地部以外は水の浸みだす泥炭層となっていた。

らべて敷いている。

以上、第1～3号板敷遺構は、B地区の泥炭層上面につくられ、周囲から多くの木製品や未成品が出土していることから、木材を加工もしくは管理するための足場とみられる。とくに容器の未成品が近辺から多く出土している。

第4号板敷遺構は、C地区の地山上面に板材を北西—南東方向にならべて敷いている。この板材には隣接して杭があり、板敷遺構を固定していたものと考えられる。鳥浜貝塚では同様な遺構で杭列のあり方から桟橋状の施設を想定している。周囲には土器片、動物遺存体（魚類）、植物遺存体（ヒョウタン、ニワトコなど）などがまとまって出土しており、足元の悪い軟弱地盤でこれらを加工するための足場と考えられる。

これらに似たものは山形県押出《おんだし》遺跡の盛土遺構にもみられ、縄文時代前期の低湿地利用の形態

図19 ● 板敷遺構
上：右側に第2号板敷遺構（手前）と第3号板敷遺構（奥）がみえる。下：第2号板敷遺構（長さ90～270cm、幅20～60cm）。丸木舟を含む板材を用いている。

を示しているのかもしれない。

また低湿地からは石錘一五個をまとめた集石遺構がみつかった。石錘は漁網の錘と考えられ、すべて打ち欠けていたことから、漁網の埋納もしくは祭祀遺構とみられる（図20）。

前期中葉の貝塚

A地区の低地部では、縄文土器片や石器、動物遺存体などの大量の遺物が混ざって捨てられていた。動物遺存体ではとくに、鯨類の頭蓋骨とつながっている椎骨が分かれて複数みられることから、解体場であった可能性が高い（図21）。

C地区の貝層は、標高マイナス〇・七〜一・二メートルの低所につくられている。貝類の割合は容積比で三五パーセントの混土貝層で、層と層の間には破砕貝や灰層をはさむことが多い。貝層そのものは一部に薄く残される程度で、貝層形成の萌芽期とみられる。

ヤマトシジミが九九パーセントを占め、食用残滓としてはイシガイ科やオオタニシの淡水貝が少量あるのみであることから、貝層形成時に水域からの流入や草

図20 ● 石錘をまとめた集石
石の重さは94〜188gで、長さ6.3〜8.3cm、幅5.1〜7.8cm。石材は凝灰岩、安山岩、濃飛流紋岩、花崗岩、砂岩、片麻岩、溶結凝灰岩、珪長岩とさまざまだが、凝灰岩が3分の1を占めていた。

木下となっていたことが想定される。貝層からは縄文土器、植物製遺物、石器、骨角器、動植物遺存体、糞石が出土しているが少ない。

殻長分布は六〜四〇ミリで、二六ミリ前後がピークで平均二五ミリ。ヤマトシジミ以外の貝類は少ない。微小貝のヒラマキガイモドキ（淡水）とオカチョウジガイ（陸）のほかに汽水産のヌマコダキガイ類・カワグチツボ・カワザンショウガイがわずかに出土している。海水産はフネガイ科が一点のみで、海水性貝類の利用はきわめて低調であるといえる。

図21 ● A地区低地部から出土した鯨類遺体
同じ面で上方に椎骨がまとまり、下方に頭骨がみつかった。

2 最盛期の集落——前期後葉

居住域に貼床建物

小竹ムラが最盛期を迎えるのは前期後葉（土器型式でいうと福浦《ふくら》下層〜蜆ヶ森Ⅰ式（諸磯《もろいそ》a〜b式併行期））である（図22）。土器に付着していた炭化物の放射性炭素年代測定（AMS法）による較正年代では、いまからおよそ六〇〇〇年前を中心に三〇〇〇年前後とみられる。

この時期、A地区北側の台地部で竪穴建物が九棟みつかった（図23）。遺跡のなかでもっとも高い部分で、地盤がしっかりしているところである。竪穴建物は長軸三～四メートルと小型で、柱の穴や炉とみられる焼土があるものの掘り込みの浅いタイプが大半を占めていた。コンパクトで掘り込みも浅く、竪穴というよりは平地建物といった感じである。

たとえば、細長い調査区ながら全体を発掘できた第3号竪穴建物は、直径二・五メートルの不整円形で、深さは掘り方の底面までが最深で二二センチ、床面までは最深一六センチである。柱穴とみられるものは多いが、そのうち主柱穴と考えられるのは六本である。炉はないが、中央に炭化物の入る穴が三基ある。注目されるのは床構造で、粗く床面を掘った後に、黒褐色シルト層を敷き貼床としている。

発見された九棟のうち、粘土を敷いて貼床としているものが五棟ある（**図23**）。さらに第1号竪穴建物では、はじめに炭化物を敷き、その上に粘土を貼って床面としている。湿気対策として炭化物を敷き、その上で貼床を構築したのかもしれない。遺跡内では標高が高いとはい

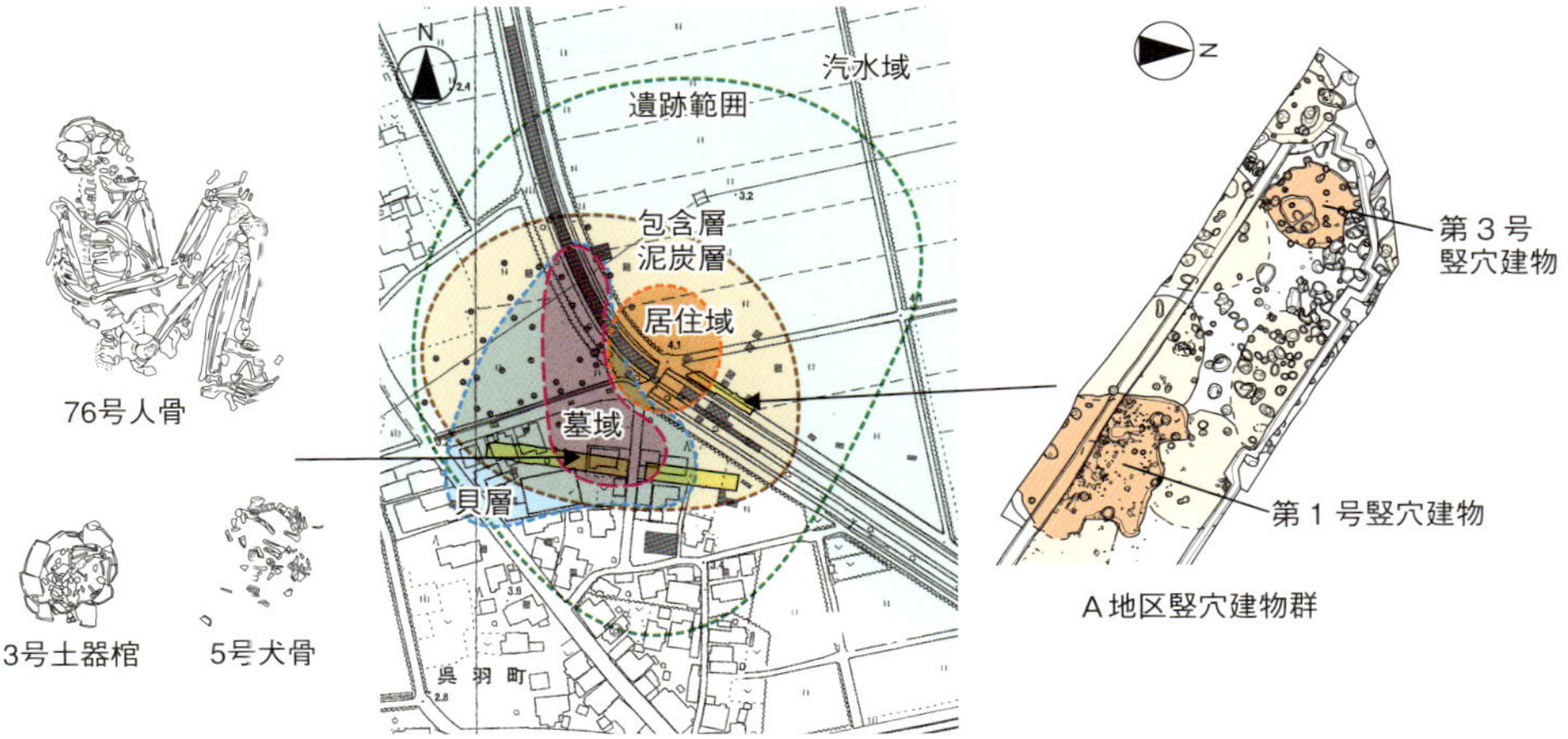

図22 ● 前期後葉の集落想定図
台地部に居住域、その周囲の泥炭層をヤマトシジミの貝殻で埋め、墓域を形成した。

え、この場所の標高は二メートル内外で、低湿地のための構造だった可能性がある。

　ところで、小竹貝塚と同時期（前期後葉）の、玦状耳飾《けつじょうみみかざり》が大量に出土したことで知られる富山市の平岡遺跡は、小竹貝塚より南に約八キロ離れた丘陵上にある典型的な環状集落であるが（図24）、床面はほとんどで貼床となっている。高燥の台地に立地する平岡遺跡でも貼床ということは、立地によるのではなく、時期的な特徴といえるかもしれない。ただし炭化物は敷かれていない。

　また第1号竪穴建物は、およそ四・三メートルの不整形で、ほかの竪穴建物とくらべて大きく、床面直上から足の踏み場もないほど多くの縄文土器の破片が出土し、さらに中央部に炭化

図23 ● A地区の前期後葉の竪穴建物
上：台地部にまとまってみつかった竪穴建物群。
下：貼床のある竪穴建物（第1号竪穴建物）。

物が入った穴が三基みつかったことから、特殊な建物といえる。ムラ長《おさ》の住まいか集会場といったムラの中心であったのだろう。

建物のまわりには、貯蔵やゴミ穴として使用したと思われる土坑や焼土があった。また建物は隣接したり切り合っていた。小竹貝塚には建物を建てるような地盤が安定した地点は少なく、限られた区域で繰り返し居住していた証拠とみられる。

切り合いがあることから、すべての建物が同時期に存在したわけではないが、市教委による隣接地の調査でも竪穴建物が数棟みつかっており、遺跡全体では十数棟からなるムラがあったものとみられる。なお、富山県内では沖積地における竪穴建物の検出例は数少なく、縄文時代前期でははじめてとなる。

図24 ● 平岡遺跡の景観と竪穴建物
竪穴建物は14棟あり、中央の墓域を中心にほぼ環状にならぶ。建物の規模は長軸3.9〜7.4m、短軸3.0〜5.6m、深さ0.1〜0.4mの不整楕円形を呈する。

二メートルに達する貝塚

A地区の低地部には、ヤマトシジミの破砕貝を一～数回の単位で廃棄しマウンド状としている小貝塚が九カ所あった。貝層は細かく破砕されたヤマトシジミからなり、縄文土器や石器、動物遺存体を含んでいた。九つの小貝塚は点在しており、廃棄のたびに場所を変えていたのだろう。

また、炭化種実を集中して廃棄していた地点が一カ所あった。これは黒色シルトに炭化種実（主にクリ）や炭化物が多く入った深さ一〇センチの浅いくぼみである。長軸二・五メートル、短軸一・二メートルの半円形で南側が調査区外となっている。遺物はほかに縄文土器、石鏃・石匙・磨製石斧・叩石・石皿が出土している。

B地区の西側とC地区全体では、ほとんどヤマトシジミからなる貝層がみつかった。〝日本海側最大級の貝塚〟とよばれているだけあって、貝層の厚さは最大二メートルとなる（**図25**）。場所は遺跡内でもっとも低いくぼ地状とな

図25 ● 前期後葉の貝層（左）**と貝層のなかの人骨**（右）
左は約300年分の貝層の堆積。白い札は分層の目印。
右は貝層断面からみつかった屈葬人骨（25号人骨）。

っていたところで、そこを埋め立てるように貝を廃棄していた。貝の廃棄は一度ではなく、少なくとも五回以上はおこなわれ、廃棄ごとに踏みしめていたようで、層境に細かく割れた貝殻や灰が広がっていた。貝層の特徴はほとんどヤマトシジミであることだ（九九パーセント）。ヤマトシジミ以外の貝類は少ないが多様である。食用残滓として、イシガイ科やオオタニシなどの淡水産のほかにカキ類やサザエなどの海水産が出土し、前時期よりもヤマトシジミ以外の貝類利用の増加がうかがえる。小竹貝塚盛行期で活発な活動状況を示すものなのだろうか。

また貝層内からは、縄文土器、土製品、石器、石製品、骨角器、植物製遺物、動植物遺存体など多くの遺物が出土しており、貝殻だけでなくあらゆるものを廃棄する場所であったことがうかがえる。

貝層からつぎからつぎへと人骨が

前期後葉貝層で注目すべきことは、つぎからつぎへと人骨がみつかったことである。場所はB地区の西側とC地区の東側で、最小個体数で九一体となった。その数は縄文時代前期ではこれまでに日本列島で最多となる。さらに、県教委調査区でみつかった一体と市教委調査区の八体を足すと、小竹貝塚全体ではこれまでのところ最小個体数でちょうど一〇〇体になる。

調査前は、縄文時代前期の人骨は列島全体でも一〇〇体に満たないといわれていた。そもそも遺跡から人骨がみつかること自体がまれであり、私も学生時代から二〇年近く発掘調査に携わってきたが、埋葬人骨を調査したのはこれがはじめてであった。それなのに一気にこれだけの量の人骨が出てきて、わからないことだらけでたいへんな調査になった。

埋葬人骨は一度に葬られたのではなく、福浦下層式〜蜆ヶ森Ｉ式期の約三〇〇年間をかけて、少なくとも四時期（埋葬人骨第Ⅰ〜Ⅳ期）に分けて葬られたとみられる（**図26**）。貝殻を廃棄していた場所は年々層が厚くなり、やがて安定した陸地となった。そこに穴を掘り埋葬をはじめた。その後も貝の廃棄と埋葬を交互に続けていったようだ。このようにして厚い貝層と多くの埋葬人骨がみつかることになったのであろう。出土人骨については第5章でくわしくみることにしよう。

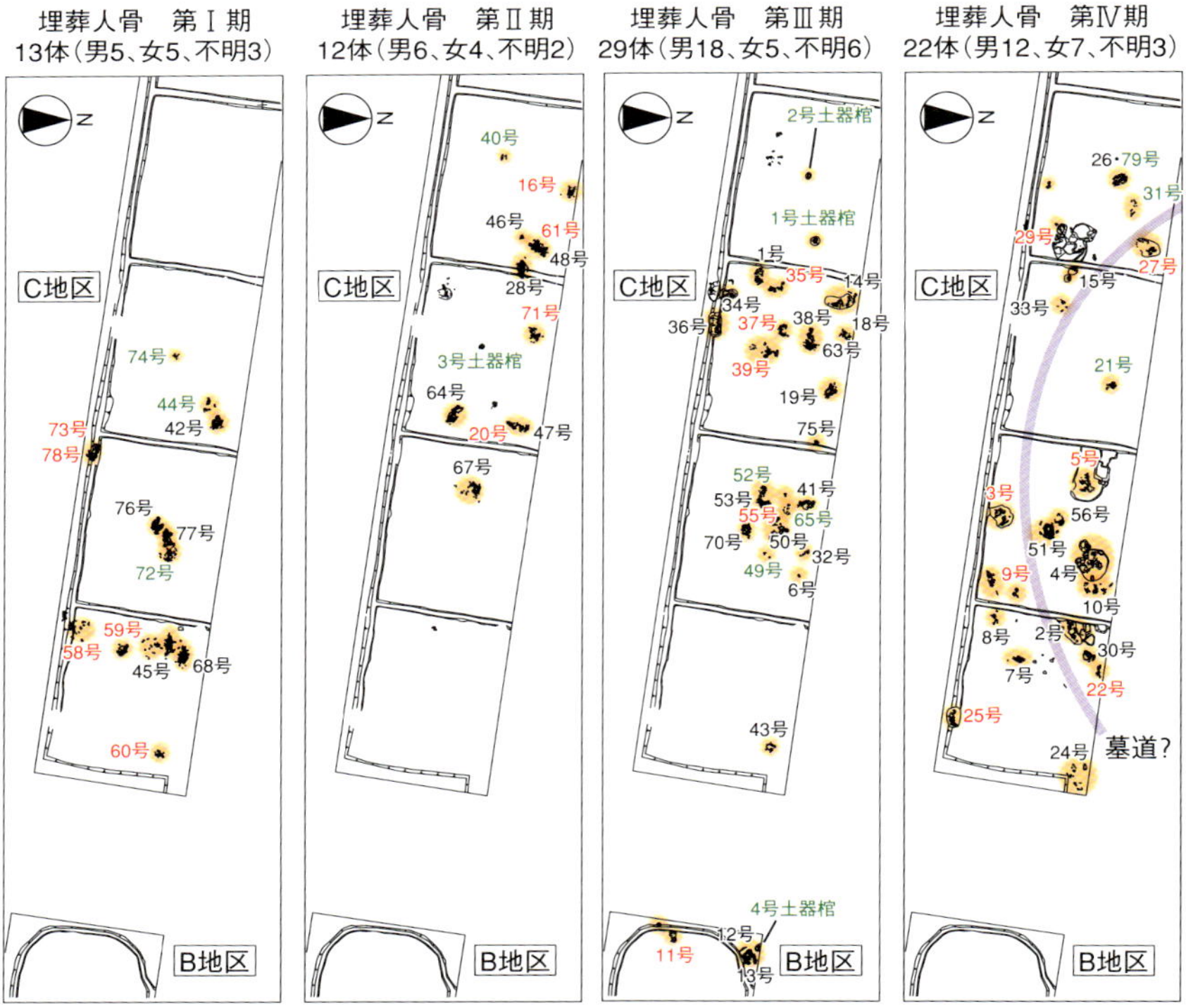

図26 ● 埋葬人骨の分布
人骨が埋葬されたのは約300年間。ほぼ同じところに何度も葬られたため、重複してみつかった。図中黒番号は男性、赤番号は女性、青番号は性別不明。

3　終末期の集落――前期末葉

竪穴建物一棟に激減

Ｂ・Ｃ地区で人骨の埋葬が終了した後、前期末葉（土器型式で蜆ヶ森Ⅱ～福浦上層式〔諸磯ｃ～十三菩提式併行期〕）になると、Ａ地区では竪穴建物一棟とその横に土器を集中して廃棄した地点があるだけで、遺構は激減してしまう。Ｂ・Ｃ地区でも、Ｃ地区西側で前時期の貝層が洪水などで削りとられた部分に貝層を形成するほかには遺構はみられなくなる（図27）。時期は、縄文土器に付着した炭化物のＡＭＳによる較正年代では、いまからおよそ五七〇〇年前を中心に一〇〇年前後である。

たった一棟の竪穴建物は、直径四メートル前後の不整円形で、深さは一三センチと浅い。小穴は一六カ所みつかったが、小型で浅い掘り方が多く、主柱穴とはなりそうもない。床面には地床炉とみられる焼土が一つ。ほかに焼土が二つあるがこれにともなうかは不明である。縄文土器のほか、土製円盤・焼成粘土塊、石鏃・石匙・磨製石斧・石皿・軽石が出土している。

ふたたびヤマトシジミだけの貝塚に

前期末葉の貝塚は、厚さ九～三〇センチの純貝層が一〇層以上、斜めに堆積していた（図28）。遺物はほとんど入っておらず、人骨は埋葬されていなかった。貝層に占める貝類の割合は容積比で六九パーセントと純貝層に近い。

この時期もほとんどがヤマトシジミだが（九四パーセント）、ヤマトシジミ以外の貝も六パーセントあり、三時期でもっとも多い。内容は、食用残滓であるイシガイ科やオオタニシの淡水産が少量あるほかは、食用困難なウミニナやカワアイなどの海水産や微小貝しかない。微小貝は三時期で突出して多く、ヌマコダキガイ類・カワグチツボ・カワザンショウガイの汽水三種が大量に含まれている層がある。これらはC地区西側の標高の低い部分に多く、汽水域にたびたび浸っていたことにより堆積したものとみられる。

また、貝層が形成されていない部分には土器や石器が廃棄されており、遺物包含層を形成していた。A地区の台地部で土器が同一面にまとまって出土した地点がみつかっている。調査区の北側にあり、福浦上層式土器が潰れた状態で約一〇点がまとまっていた。廃棄後すぐに埋まったようで、上の粘質土層（洪水層）にパックされ良好な状態で出土した。遺物とり上げ時に二三個体を確認。土器型式では蜆ヶ森II式～福浦上層式があるが、同一レベルでまとまっており同時期の一括資料とみられる。

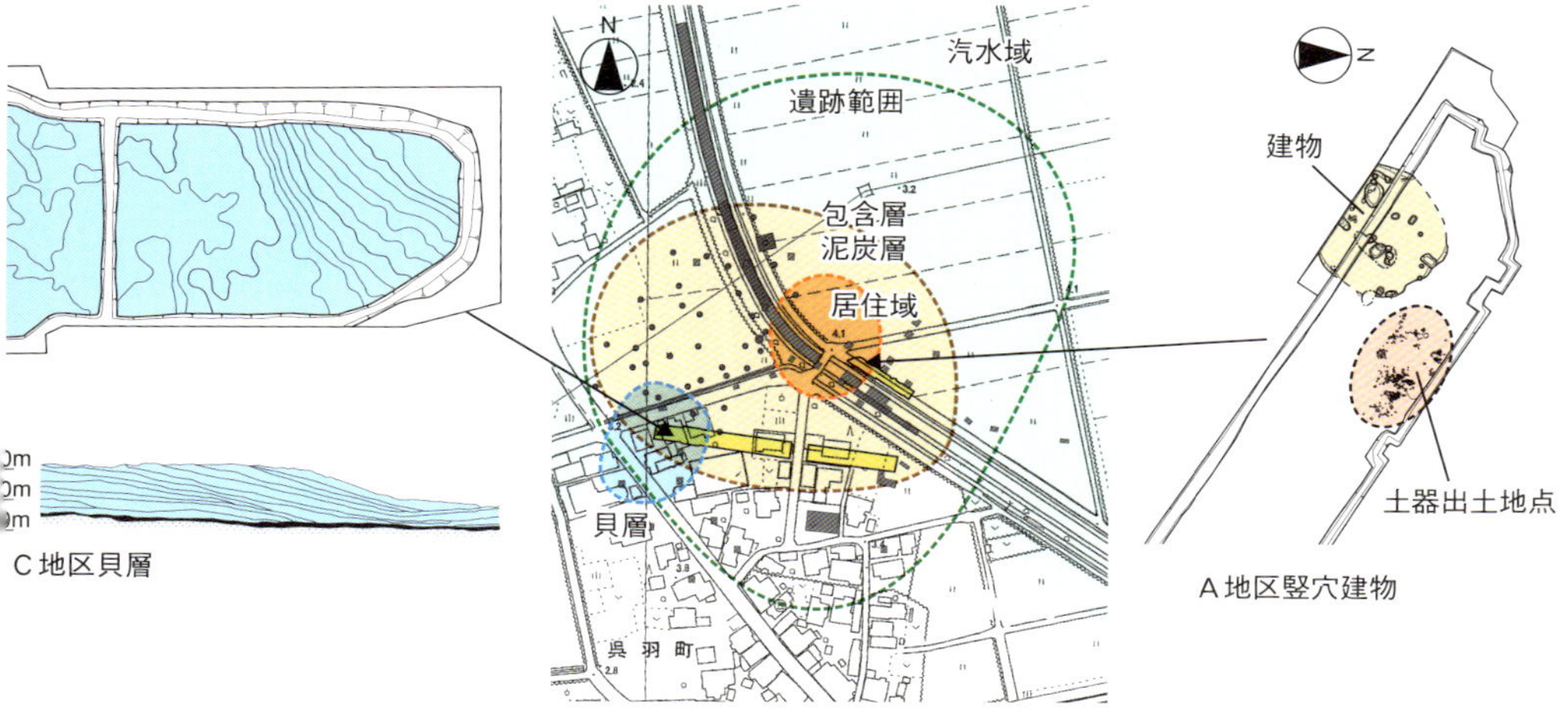

図27● 前期末葉の集落想定図
前時期にくらべて遺構・遺物ともに数少ない。他所か遺跡内の別の場所へ移動したのであろう。

ところで、竪穴建物一棟のみでほかにめぼしい遺構がないのに、前時期同様に厚い貝層を形成するのはなぜだろうか。その理由としては、竪穴建物などの居住域が移り調査区以外となった、もしくは貝層の役割が異なるようになったことが考えられる。前者については、遺跡範囲が広大で、発掘調査をおこなった部分はわずかであり、まだ遺跡内に未知の集落があるかもしれないからである。近年、富山市教委の納屋内《なやうち》高史《たかし》さんが市教委の調査区でみつかった貝層の年代測定値から、前時期と変わらずに集落があったと推定している。後者については、前時期とくらべて貝層のなかに埋葬人骨はなく、土器や石器などの遺物もわずかであり、貝層の性格が異なっていると考えられる。これはつまり、貝殻の専用の捨て場に特化されたことをあらわし、この時期は居住ではなく採貝だけに訪れるようになったとも考えられよう。

図28 ● 前期末葉の貝層
下は、左から右に下がっていく斜面貝層。10層近くに分層できる。ほとんどヤマトシジミでほかの遺物は皆無に近い。

第4章　小竹縄文ムラの生活を追う

1　狩猟・漁労活動

土壌洗浄・選別

小竹貝塚は低地にある貝塚で後世の攪乱を受けず、動物の骨や魚の鱗、炭化した種実などが良好な状態で残っていた。このため掘削貝層や土壌の大半を土嚢《どのう》袋に入れてとり上げ、業者に委託して土壌洗浄をおこなった。その数は八万四二五三袋におよぶ。洗浄には土壌洗浄機を用いて、五ミリ、二・五ミリ、一ミリのメッシュかごでとり上げた。

洗浄後の遺物は、選別をおこなった。結果、現場の目視ではとり上げられない微細だが貴重な遺物を採取できた。これによって現場でイメージしていた動植物とは異なるものが多く発見でき、小竹貝塚人の食事や道具などが具体的にわかってきた。

動物遺存体

動物遺存体は整理箱一五二箱分出土し、そのすべてを独立行政法人奈良文化財研究所環境考古学研究室の山崎健《たけし》・丸山眞史《まさし》・菊池大樹《ひろき》さんらを中心に分析していただいた。このうち同定できた破片数は九〇分類群五万五四三九点。そのうち魚類と陸棲哺乳類が多くを占め、魚類は四〇分類群で二万九六八二点、陸棲哺乳類は一七分類群で二万一七八五点である。そのほかに海棲哺乳類が一一分類群三一五二点、鳥類が一九分類群五九四点、両棲爬虫類が三分類群で九四点あった。

魚類では、スズキ属が一七パーセント、クロダイ属が一六パーセント、コイ科が一〇パーセント、フナ属が七パーセント（**図29**）で、汽水域や淡水域をおもな漁場としていたとみられる。このほか

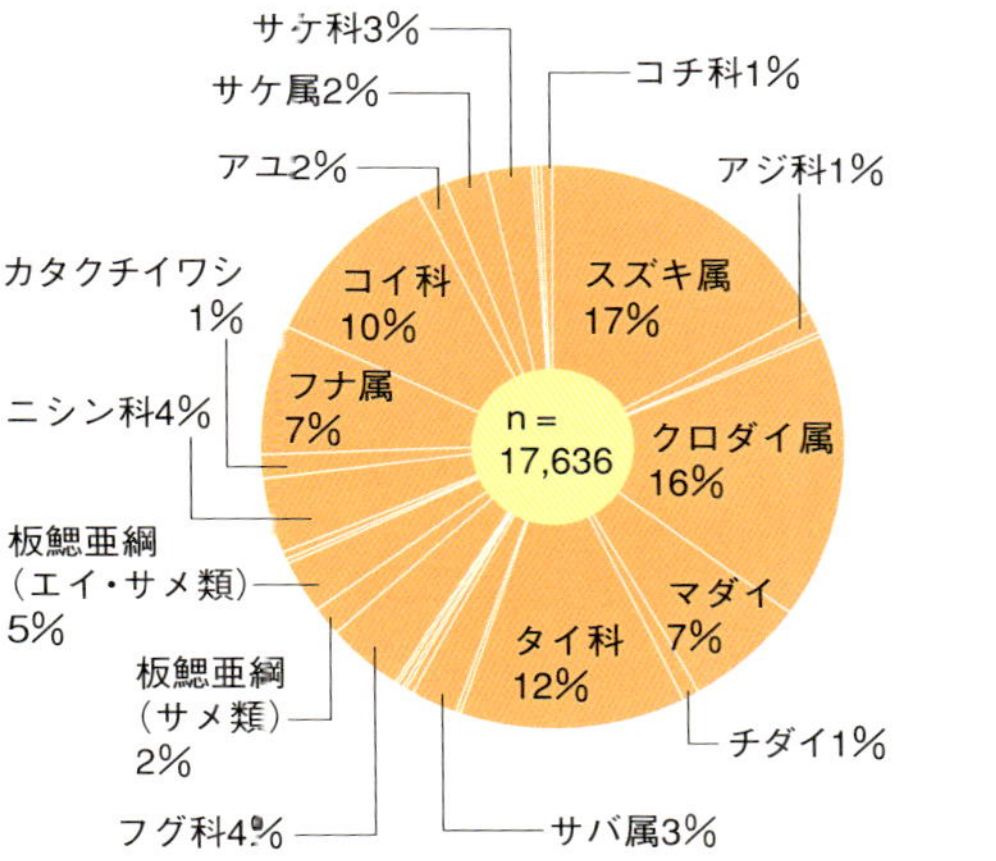

図29 ● 魚骨の出土傾向
スズキ属やクロダイ属など汽水域に入り込む種が目立つ（nは種や部位を同定できた総数、以下同）。

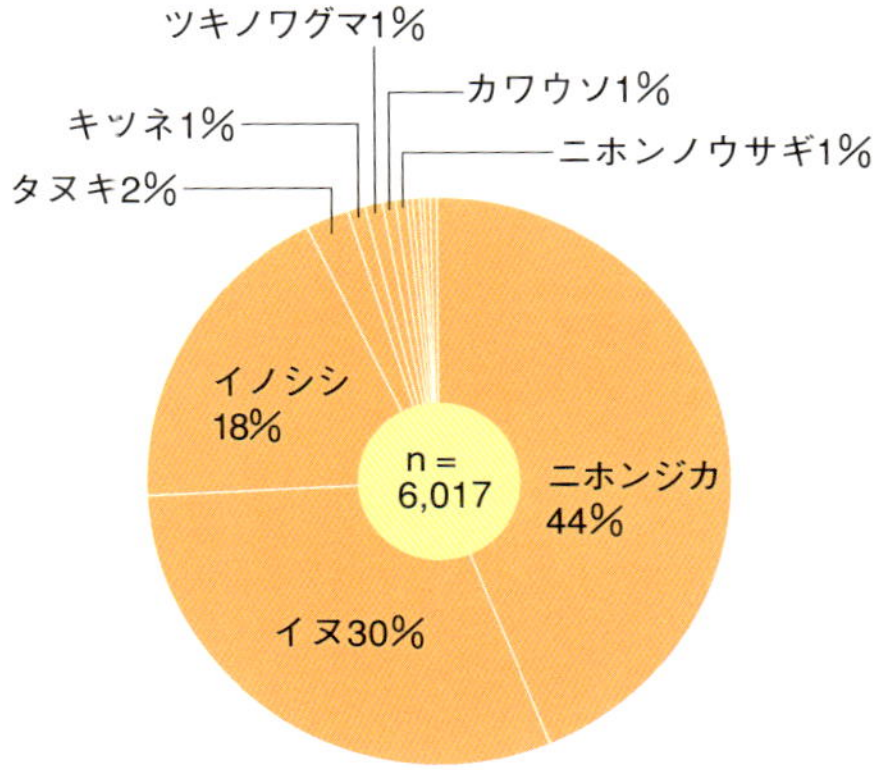

図30 ● 陸棲哺乳類骨の出土傾向
ニホンジカが半数近くを占める。イヌが多いのは墓域があるためだろう。

にもマダイ七パーセント、エイ・サメ類五パーセント、ニシン科四パーセント、カタクチイワシ一パーセントと沿岸を漁場にしていた。また、サケ科・属五パーセントやアユ二パーセントと河川も漁場としていたようだ。このように汽水域の立地を利用して多様な魚を食料としていた。時折、沖合を回遊するカツオやマグロ属などのキトキト（新鮮）な富山湾の魚も獲っていたようだが、現在、冬の味覚の代名詞たるブリ（属）は三点しかなかった。

陸棲哺乳類では、ニホンジカが四四パーセントともっとも多く、イノシシが一八パーセントで主要な狩猟対象となっている（**図30**）。これは縄文時代のどの遺跡でも多い傾向と同じだが、イノシシにくらべて格段に脚の長いニホンジカが突出するのは、積雪量の多い日本海側では足

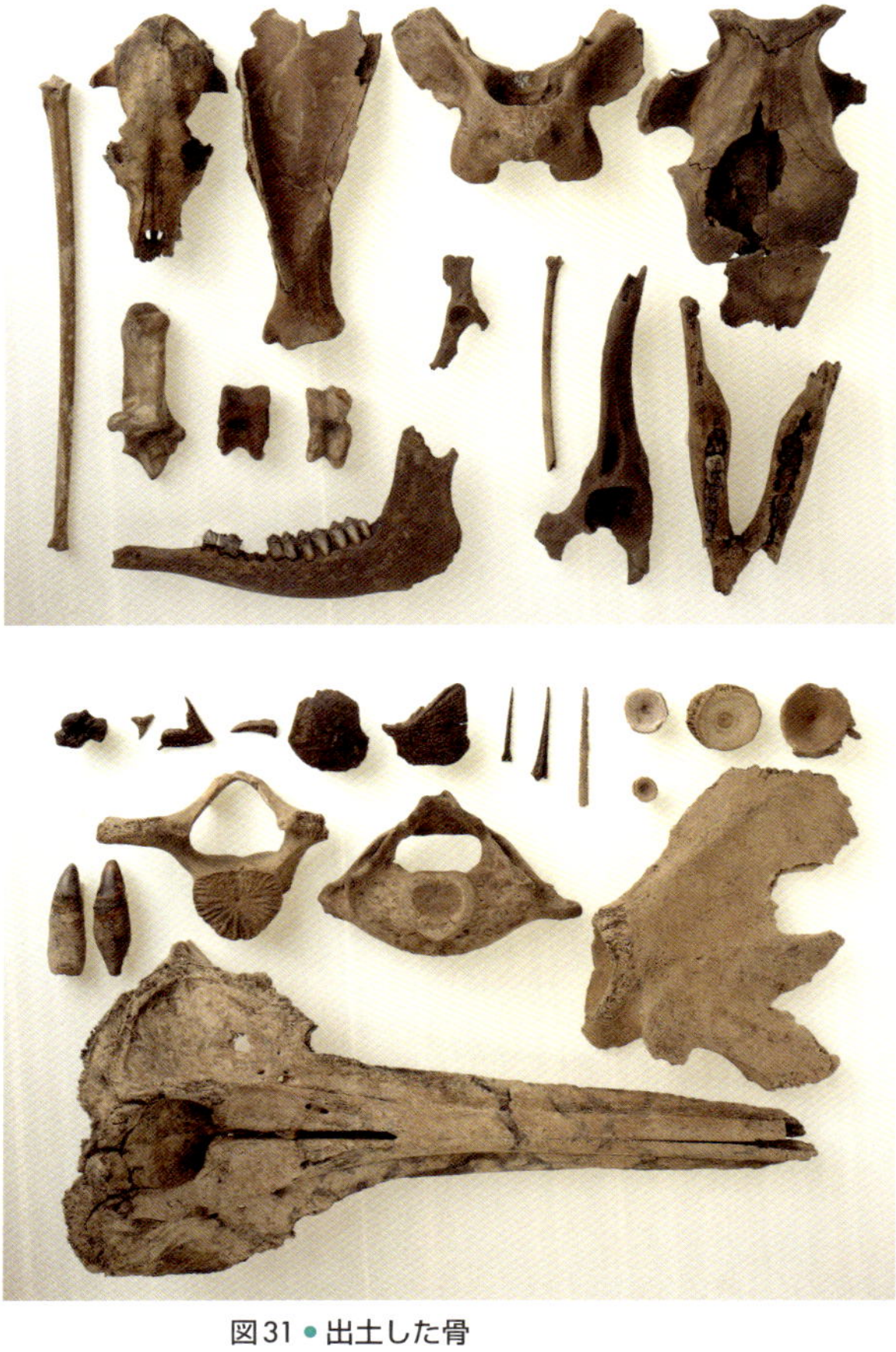

図31 ● 出土した骨
上：哺乳類・鳥類骨、下：魚・クジラ類骨。
このほかに魚鱗もみつかっている。

が短く雪が苦手なイノシシの生態をあらわしているのだろう。

イヌも三〇パーセントと多いが、食用ではなく、少なくとも一六体は墓域に背中を丸めたように葬られており、小竹貝塚人にとって大事な猟犬であったのだろう。出土した骨から推定体高は三六〜三八センチで、小型に分類されるものが多かった。現在の柴犬と同じくらいかやや小さいサイズである。

小型や中型哺乳類では、タヌキが二パーセントやカワウソ一パーセントなど水辺から丘陵地に生息する種類が出土している。タヌキやキツネなどには下顎に解体痕が残っており、毛皮を剥いでいたことが想定される。

海棲哺乳類では、シャチ、カマイルカ、ハナゴンドウ、ハンドウイルカ、マイルカ属（マイルカ・ハセイルカ）、マッコウクジラ、ツチクジラ、アカボウクジラなど鯨類を中心に出ている。種を同定

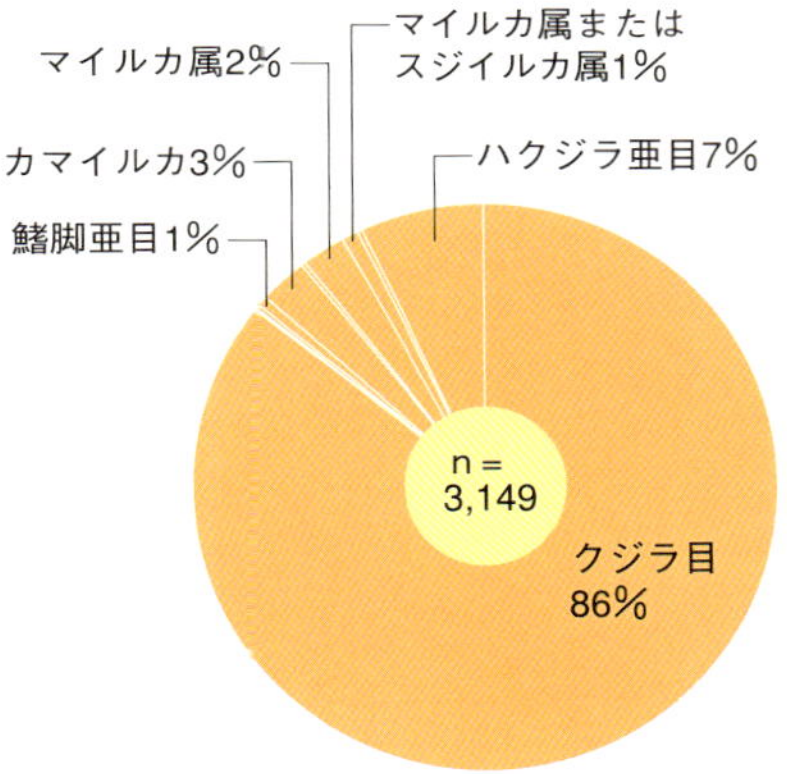

図32 ● 海棲哺乳類骨の出土傾向
大型のクジラではなく、小型のイルカが主体となっている。

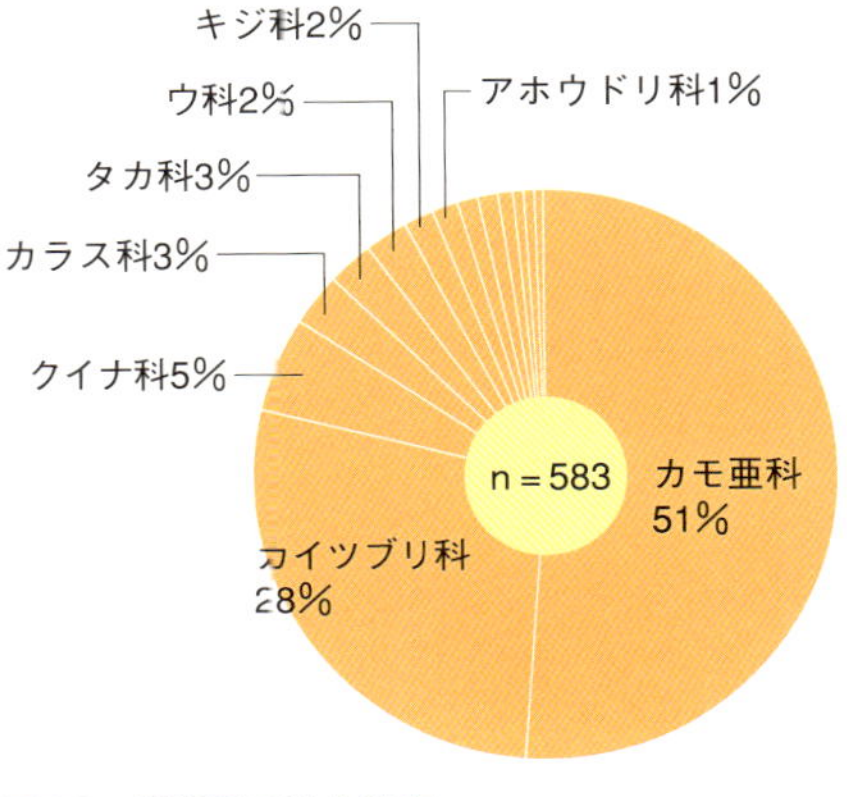

図33 ● 鳥類骨の出土傾向
水辺に集まってくる鳥類が多い。

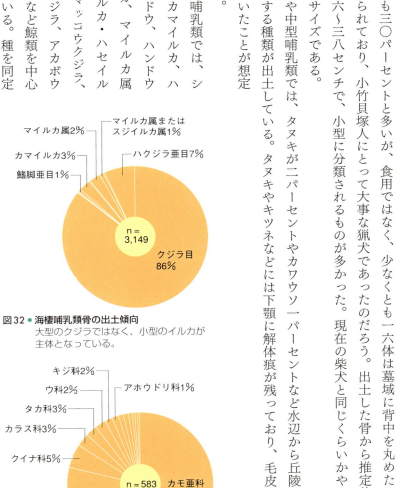

できたものではカマイルカ三パーセントやマイルカ属二パーセントを主体としている（図32）。

富山湾をかこむ縄文遺跡では、石川県の真《ま》脇《わき》遺跡や三引《みびき》遺跡、富山県の上久津呂中屋《かみくづろなかや》遺跡などで数多くの鯨類の骨が出ており、この地域では積極的に捕獲していたことがうかがえる。また、数は少ないが、ニホンアシカの骨が七点出土している。富山県内では朝日町境《さかい》A遺跡でもニホンアシカの骨が複数みつかっており、小規模ながら捕獲していたようだ。

鳥類では、カモ亜科が五一パーセント、カイツブリ科が二八パーセントで、全体の四分の三以上を占めている（図33）。このことから湖沼や河川などの淡水域、つまり水辺で捕獲していたことがうかがえる。反対に、キジ科（二パーセント）、カラス科（三パーセント）、タカ科

図34 ● 貝層内の貝
上：二枚貝、下：巻貝。淡水・汽水・海水産といろいろな貝類がみつかっている。

（三パーセント）など陸の鳥類は少なく、陸域では積極的な猟をおこなっていなかったのだろう。

貝類の分析は富山貝類同好会の協力を得ておこない、微小貝などについては千葉県立中央博物館の黒住耐二《くろずみたいじ》さんに同定していただいた。

同定できたもので三一科五三種であった（図35）。多くの種類があるようにみえるが、貝層はほぼヤマトシジミ（九四パーセント）で構成され、一部にオオタニシやイシガイ科が混じる程度である。このため採貝活動は汽水のヤマトシジミを捕獲対象とし、淡水のオオタニシやイシガイを補っていたといえる。

食用にはならない汽水性のカワザンショウガイやヌマコダキガイ類、陸性のオカチョウジガイなどの微小貝が貝層に入っている箇所があるが、これは低地であるために浸水したり陸化していたりした時期があったことをあらわしているとみられる。

以上のように、小竹貝塚人は水辺（淡水〜汽水域）と丘陵地に生息する生き物を狩猟・採取していたことがわかる。眼前に水域、背後に丘陵地をもつ小竹貝塚の周辺の環境に一致する。

こうした、当時の環境にそくした広範な多様・多種の食料を獲

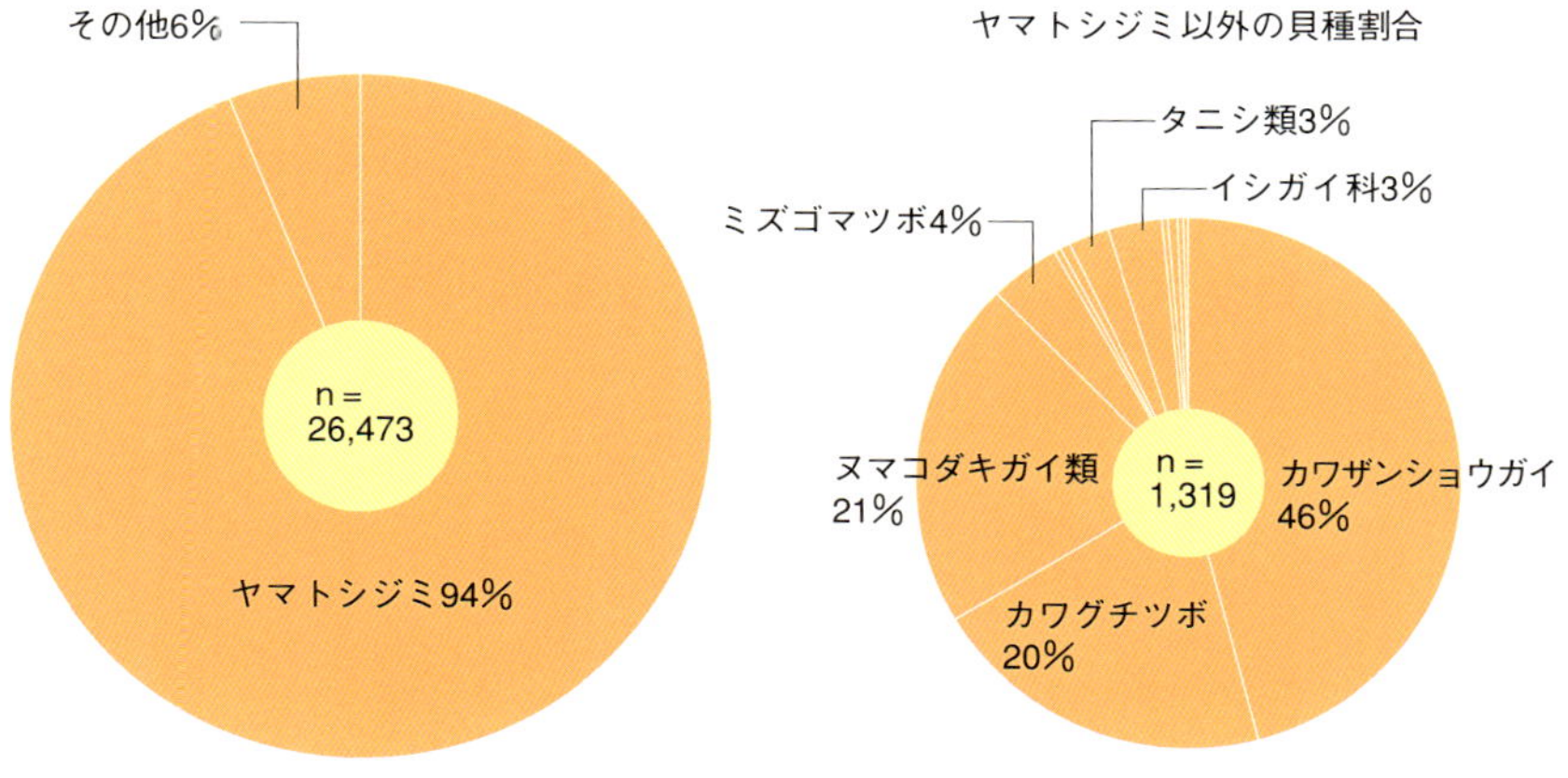

図35 ● 貝層内の貝種割合
貝類の種類は多いが、ほぼヤマトシジミ。それ以外は食用ではない微小貝。

得することができる場所に集落を定めたことが、小竹貝塚人の生活戦略といえる。またイルカ類も多く、外海に出て猟をおこなっていたようで、少ないながらも出ているサザエやマグロなどからもそれがうかがえる。

狩猟・漁労の道具

さて、小竹貝塚人は、こうした動物をどのような道具で獲っていたのだろうか。

小竹貝塚からは、弓矢の先にとりつける石《せき》鏃《ぞく》が一六四六点、槍の先になる尖頭器《せんとうき》が九一点（**図36**）、また魚網の錘などに使用する石錘《せきすい》が六六四点出土している。

石鏃は、ほとんどが逆V字状で、茎部がつかない凹基無茎《おうきむけい》である。サイズは、長さが一・〇～四・二センチ、幅〇・八～二・八センチ、厚さ〇・二～〇・九センチで、長さ二センチ以下の小型のものが多い。未成品も多く出ており、貝塚

図36 ● 剥片石器（石鏃・尖頭器・石錐・異形石器）
副葬品や装身具として利用したものもありカラフルである。右側から斜めに石匙、石鏃、尖頭器（＊印は押出型ポイント）、石錐で、左下側は異形石器。

内で製作していたようだ。石材は無斑晶質《むはんしょうしつ》安山岩がもっとも多く、玉髄《ぎょくずい》や黒曜石などがつづく。

弓本体では、長さ二七センチ、太さ一センチのC字状に曲がった木材などが出土している（図37）。両端に弦をまきつける抉《えぐ》りがあるので弓とわかる。樹種は常緑小高木のイヌガヤ。イヌガヤは緻密で硬く、粘りがあって耐久性に優れており、縄文時代の遺跡から出土する弓の材としてよく使われている。ただし、あまりにも小型であることから、穿孔具や火おこしなどの弓切り式の弓に使われた可能性が高い。また、狩猟用だとしたらネズミなどの小型動物を対象としたものであろう。

尖頭器は長さが一・七〜一二センチと大小あり、形状は木葉形が多い。石材には無斑晶質安山岩や珪質頁《けいしつけつ》岩《がん》など硬質な素材が使われている。一方、基部に抉りをつける縦型の石匙《いしさじ》に近い押出型《おんだしがた》ポイントの類似品もある。

押出型ポイントは山形県の押出遺跡で数多く出土したことから、この名称でよばれるようになった。用途についてはイネ科植物を切断する「鎌」に使われたとの説もあるが、ここでは形態から尖頭器に分類する。

図37 ● 小型弓
ほぼ同じサイズの小型弓が複数みつかっている。
両端に弦をまきつける抉りがある。

　小竹貝塚では、実際に石器が刺さったイルカ（ハナゴンドウとみられる）の肋骨が出土している（図38）。鰭《ひれ》の近くの左側面に石鏃もしくは尖頭器が刺さっており、鯨類の捕獲に石器が使われていたことを示す貴重な資料である。真脇遺跡でも同様な例があり、縄文時代の富山湾での捕鯨方法の一端を知ることができる。

　石錘は、上下を叩いてくぼみをつけた打欠《うちかき》石錘のみが出ている。円形か楕円形で、長さは三センチ程度のものから一六センチ程度のものまで、重さは三九グラムと軽いものから二キロを超える重いものまである（図39）。重量にばらつきがあるので重いものは刺し網、軽いモノは投網《とあみ》というように用途が異なっていたのだろう。また磨製石斧や凹石の欠損品を転用したものもある。石材は濃飛流紋岩《のうひりゅうもんがん》、花《か》崗岩《こうがん》、砂岩などで、遺跡から近いところで採取できる河原の礫を利用している。

　また小竹貝塚からは、動物（主にシカやイノシシ）の骨や鹿角を素材とした骨角器が一六八三点出土しているが（図40）、そのなかで刺突具が九〇七点ともっとも多く、釣針も一一七点とたくさん出土している。

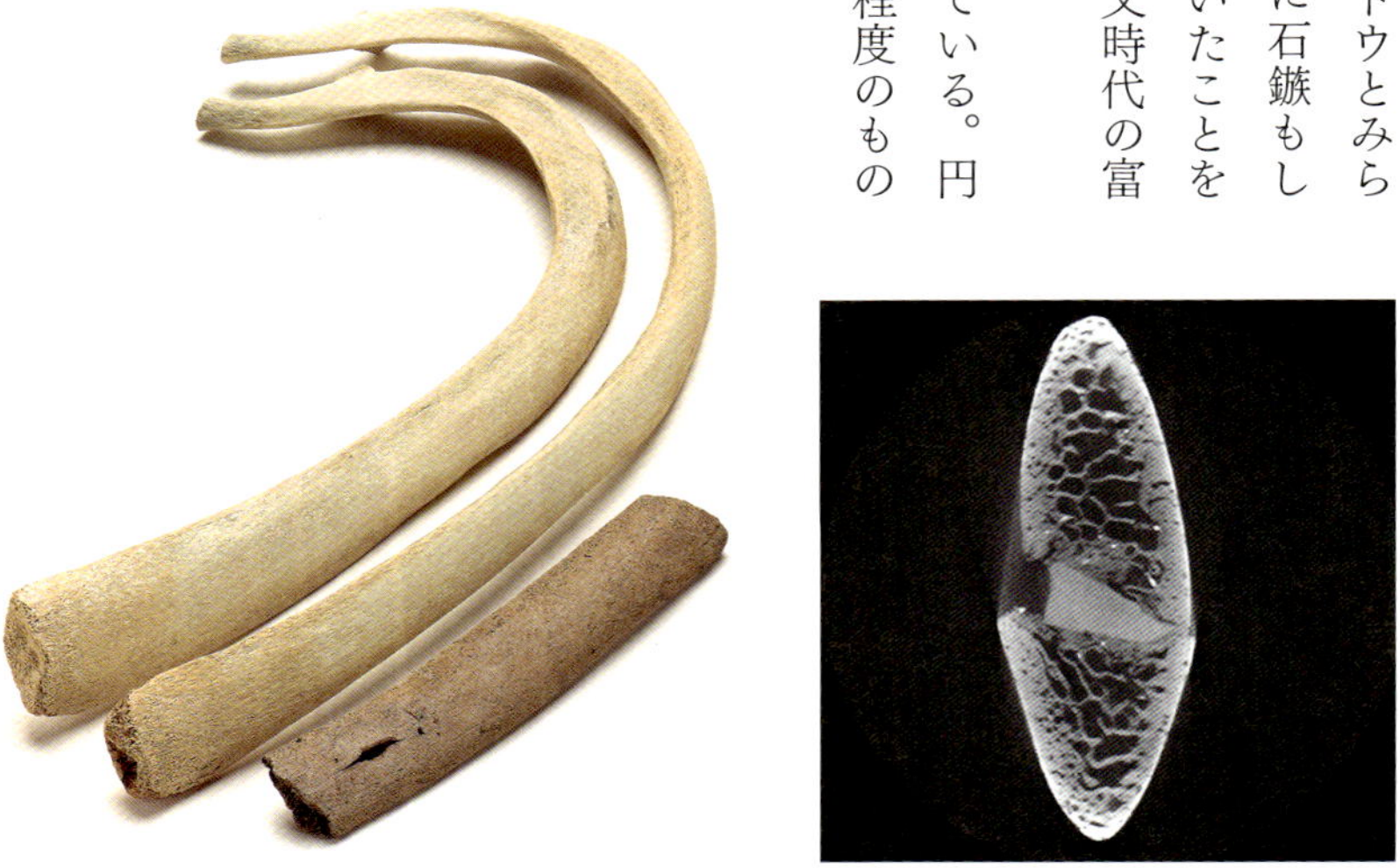

図38 ● 石器の刺さったイルカ肋骨と現生肋骨
左：一番右が出土した石器のささったイルカの骨、左2点は現在のイルカの同じ部位。
右：そのレントゲン写真。この骨は、真脇遺跡出土資料につぐ貴重なものである。

骨角製の刺突具は両端を尖らせたヤス状のものと一方のみを尖らせるものとがある。長さは二・六センチと短いものから、一三・二センチと長いものまである。ニホンジカなどの中手骨や中足骨を使っている。両端を尖らせたヤス状のものは漁労用だろうが、一方のみを尖らせたものは細いものと二等辺三角形の大きいものとがあり、大型魚の刺突漁だけでなく、狩猟や動物の解体などに使われた可能性がある。

釣針には単体のものと組み合せ式のものがある。単体の釣針は、長さが三・五〜五・七センチで、哺乳類の長管骨を素材とするのが基本だが、イノシシの下顎犬歯を用いるものも二点ある。J字状で基部に縄をかける抉りがあるが先端に逆刺はついていない。

両端を尖らせ中央に抉りがある〝T字〟とよばれる釣針が一点出土している。長さ三・五センチで、魚が飲み込むとT字状となり外れなくなるタイプである。

組み合せ式の釣針は、長さ一・八〜四・六センチの返しのつく鉤先部《かぎさきぶ》が出土している。軸部と組み合わせてレ字状をしていたとみられ、そうすると単体の釣針よりも大きく、大型の魚を対象としていた可能性が高い。

図39 ● 石錘
大小さまざまなサイズがあるが、いずれも遺跡近郊で採取可能な石材を使っている。

ただし、組み合わせる軸部は一つもみつからず、尖頭器として使われたのかもしれない。

　このように骨角器は狩猟や漁労に使う道具を主体とし、ヘラなど動植物の加工具や解体具がつぐ。完成品以外にもそれをつくる途中の未成品が数多くあり、小竹貝塚で骨角器を製作していたことがわかる。狩猟で得た動物は、肉を食用、毛皮を着用、骨や牙を道具などとしてあますところなく使っていたと考えられる。

図40 ● さまざまな骨角器

上：鹿角の未成品で、小竹貝塚で製作していたことがわかる。下：左側の斜めのものは刺突具（ヤス状）、右上は組み合わせ式釣針、中央は単式釣針、中央下は髪針。右下も刺突具。右端中央の水平のものはT字釣針。

2　植物採集活動

植物遺存体

植物遺存体については整理箱一五二箱分出土し、樹木と草本の五五分類群が同定された。そのなかで食用のものは、オニグルミ二九パーセント、オニバス一三パーセント、コナラ属一三パーセントの三種が主要な植物資源とみられる（**図41**）。とくにオニグルミは上下が欠けたものが多く、小竹貝塚人がオニグルミの殻を打ち割って中身を食していたものとみられる（**図42上**）。コナラ属はいわゆるドングリで縄文時代の遺跡ではどこでもみられる主食といってもよい植物である。

オニバスが多いのは他の貝塚とは異なる小竹貝塚の特徴でもある（**図42下**）。オニバスとは湖沼に大きな葉っぱを浮かべ花を咲かせるハスで、現在でもその実であるハスの実は中華料理には欠かせないものである。縄文時代ではおそらくこれらをすりつぶして粉として、クッキーのように焼いて食べたのだろう。また、食用ではないが、二〇パーセントを占めるニワトコの果実は〝縄文酒〟の原料といわれている。これらは川や湖沼など水辺に生えている植物で、遺跡近辺で採集していたことがうかがえる。

樹木や草本の同定から推定された環境の復元によれば、遺跡近

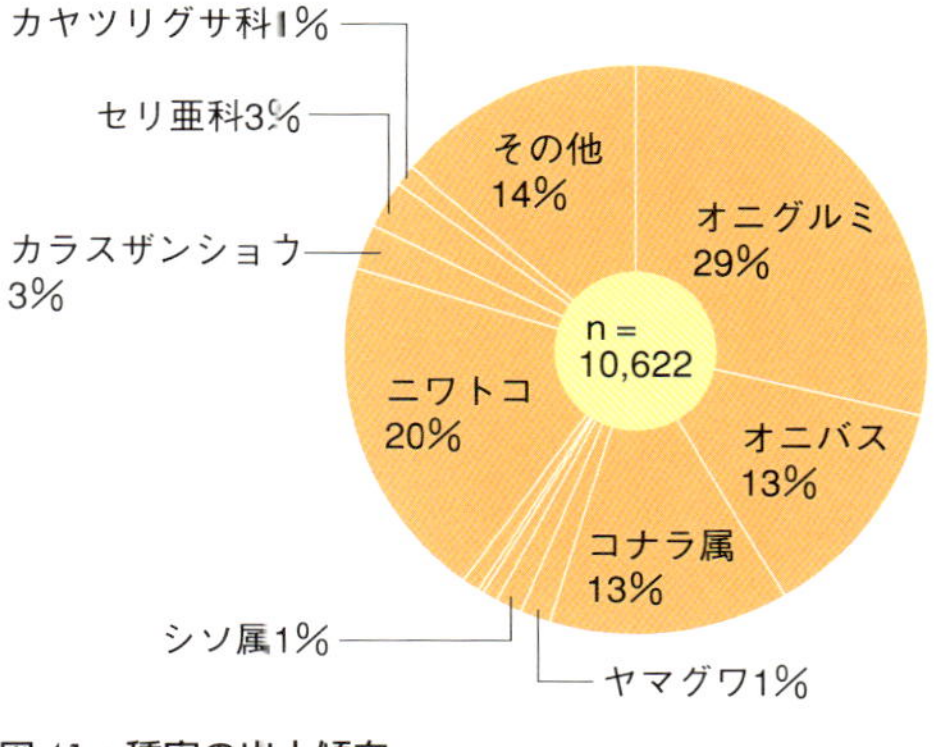

図41 ● **種実の出土傾向**
食用としては、オニグルミ・オニバス・コナラ属が多い。

くの丘陵地にはカヤ、オニグルミ、クリなどの落葉広葉樹が分布し、その林縁にはフジ属やブドウ属などの蔓性植物が生え、遺跡内にはカラスザンショウやニワトコなどの低木やカナムグラなどの陸生植物が繁茂し、遺跡周辺の水域ではミクリ属、スゲ属、オニバスなどが繁殖していたと考えられる。

このほかにマメ類、シソ属、ヒョウタン類がある。これらは栽培植物とされていて、植物は採集によって得ていたと考えられていた縄文時代に、縄文人がそれらの生育に積極的にたずさわっていたと考えることができるものである。これらの植物がみつかったということは、小竹貝塚近辺で食用植物の栽培をおこなっていたのであろう。

クルミ、クリなどの木の実を加工する道具に磨石と石皿がある。磨石は五七六点出土してい

図42 ● オニグルミとオニバス
いずれも半分以上に割れているものが多い。

る。円もしくは楕円形のものが多く、大きなもので長さ二〇センチ弱、小さなもので八センチ弱で、表裏面は磨いてある。石皿は七九七点と数は多いが、ほとんどが破片なので、実際の個体数は不明である。磨石と石皿はセットで木の実を製粉するのに使ったのであろう。

炭化物分析と圧痕分析

土器内面付着炭化物（土器に着いたおこげ）の分析では、タマネギ状の同心円構造がみられた（図43）。これらはパンオ・ラボの佐々木由香さんらの分析によってツルボの鱗茎《りんけい》が多いことがわかった。ツルボは土手や

図43 • 炭化物分析と圧痕分析
左：低湿地性貝塚であるため土器付着炭化物が良好に残っていた。丸くみえるのがツルボとみられる鱗茎。右：上側と下にくぼんでいるところが圧痕。

図44 • エゴマの圧痕が大量にみられる土器
土器片のいたるところに小穴（エゴマ圧痕）がみえる。

山野の日当たりのよい場所に生育する植物で、遺跡周辺にそのような環境があったのだろう。

土器についていた植物の圧痕の分析（**図43**）では、レプリカ法による電子顕微鏡の観察からダイズ属種子、ササゲ属種子（アズキ型）、エゴマ果実、コウホネ属種子、ニワトコ核、ウマノミツバ果実を同定した。ダイズやアズキは野生種よりも大きく、栽培の可能性が考えられる。また、胎土にエゴマを大量に含んだ土器がある（**図44**）。意図的に入れたものと考えられる。分析をおこなった熊本大学の小畑弘己《ひろき》さんは、種実に託された「特別な想い」、つまりエゴマに対する「豊穣」や「感謝」をあらわしたものと考えている。

3 さまざまな道具

以上、小竹貝塚人が食料とした動物と植物、そして狩猟するための道具などをみてきた。ここでは日常生活のさまざま道具についてみていこう。

煮炊きに使われた縄文土器

縄文土器は、古いもので約六五〇〇年前のもの（前期前葉の布目式）から、約五六〇〇年前のもの（前期末葉の福浦上層式）が出土しているが、中心は約六一〇〇年前から約五九〇〇年前のもの（前期後葉の福浦下層式から蜆ヶ森Ⅰ式）である（**図45**）。蜆ヶ森式土器は、小竹貝塚から東に約一キロの近接する蜆ヶ森貝塚を標識とする土器型式で、羽状縄文もしくは斜行縄文の口縁部に細い粘土紐を数条貼り付けるものを基本とする。これらは小竹貝塚からも大量に出土している。

煮炊きに使う深鉢を主体とし、盛り付け用とみられる浅鉢は少量である。深鉢にはおこげやススがついていて、廃棄時の状態を良好に残していた。土器は膨大な量が出ていたが、貝塚のなかから、多くは壊れたものが廃棄された状態のバラバラの破片でみつかり、完形品はわずかであった。

石斧と柄

建物や舟をつくるための材を用意するのに欠かせないのが斧である。その刃となる磨製《ませい》石斧《せきふ》が一一二三点と、石鏃についで大量に出土している。ただし、刃部や基部のみが残る

図45 ● 大量の土器片と復原した縄文前期後葉の土器
ほとんどが上の写真にあるような破片でみつかり、下の写真にあるような復原できた土器はわずかである。

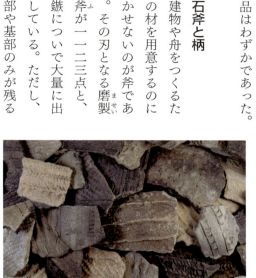

欠損品が多く、廃棄場である貝塚という遺構の特性をあらわしている。完形品は、長さが一・六から一三・二センチのものまであり、幅は六ミリ〜七・三センチ、厚さは四ミリ〜二・九センチとさまざまで、長さ四センチを境に大小に分けることができるだろう（**図46**）。

使用痕分析によると、大型品は刃部の大きな剝離や胴部の損傷から、斧などの木の伐採や加工用具と考えることができ、小型品は細かい使用痕があることからノミなどの木の加工具とみられる。

これらは次章でみるように、大小セットで人骨の副葬品とされるものがあり、一定の人物がもっていたものかもしれない。石材は透《とう》閃石岩《せんせきがん》が約半分を占め、角閃岩《かくせんがん》、蛇紋岩《じゃもんがん》がつぐ。いずれも新潟県糸魚川市の姫川や青海川《おうみがわ》周辺で得ることができるものである。

石斧を挿して斧にした木製の柄も多数みつ

図46 ● 大小の磨製石斧
大きなものから小さなものまで各サイズがあるが、いずれも良質な石材を使用している。

かっている。未成品が多いが、完成品には磨製石斧を装着するソケットを造作してあることがわかる（図47）。長さ六三センチで、全体の形状は〝7〟字の鋭角型で、幹を石斧の装着する部分にし、磨製石斧を縦方向にはめ込むようにし、枝を握る部分にしている。樹木の伐採に使われたのであろう。材は芯持丸木で、樹種にはハンノキ亜属、コナラ節、トネリコ属が使われ、弾力性にすぐれた材を使用している。

木製容器

さまざまな容器に使用した木製品もみつかっている（図48）。鉢や椀形のものなど大小さまざまあるもののそのほとんどが未成品である。深めである椀形の容器は水などの液体を入れていたとみられるが、いくつかには本来必要ない底部外側に突起状のものがつき、原材からの作成途中と考えられる。浅めである鉢形の容器は液体というよりは、木の実などの固体を入れていたとみられる。鉢形には円形の皿状と菱型に近い舟状とがあるが、用途は同じだろう。

このほかに特徴的なのはビールのジョッキ状の筒形容器で

図47 ● 木製斧柄
ソケット状の石斧装着部分から柄まで残る良品。
このほかに未成品が数多くみつかっている。

ある（図61参照）。これには三本の足がついたり、逆台形の台がつく。容器部分は細い筒状なので液体を入れるためのものだろうが、鉢形よりも異様な形態であることから普段使いの水ではなく、マツリの時に使われる、たとえば酒などを入れていたのかもしれない。

これらの木製品は貝層下の泥炭層からまとまって出土し、しかも未成品ばかりであることから、加工場にあったものとみられる。樹種は、筒形にはクリ、鉢形のうち皿状にはトチノキ、舟状にはムクロジと形状にあわせてそれぞれ異なっている。これらは樹種の差はあるものの比較的重厚な材であり、安定した素材といえるが、その形状の材調達や加工のしやすさで樹種を変えているのかもしれない。

編物、縄、樹皮製品

また、台地の遺跡では残りにくい編物、縄、樹皮製品といった編物製品も出土している（図49）。富山県内では最古のものになるが、いずれも出土数は少ない。

編物は六破片あるが同一個体で、ヒノキ科の割り裂き材をもじり編みで編んでおり、曲面の角度からカゴなど容器の一部とみられる。

縄は一二点ある。脆弱な遺物であるため、完形はない。素材はすべてリョウメンシダである。

図48 ● 木製容器
よくみると表面に小型磨製石斧で削った痕跡がある。

縄文土器の文様原体としては太く、規模が大きすぎ、なにかを引いたり、吊ったりする生活用具であったのだろう。なかには二本の条に別の条をはさみ垂らした特異な形状もあり、実用品以外に祭祀的な意味合いを感じる。

樹皮製品は、小型で環状になる一点。樹種は不明だが、幅四ミリの樹皮を左巻きで巻き上げている。用途は不明だが、留め具だろうか。類例のないめずらしいものである。

そのほかのさまざまな道具

そのほかの道具もみておこう。先に磨石をとり上げたが、同じ磨石でも稜線のみを磨面とするいわゆる特殊磨石も一定量出土している。これを大工原《だいくばら》豊さんは部分研磨石器とよび、土器を研磨した道具と考えている。石材は砂岩や安山岩など石錘同様に近場の素材を利用している。

石匙は一センチ強から八センチ前後のものが

図49 ● 編物と縄、環状樹皮製品
低湿地性貝塚であるため、脆弱な植物製遺物も複数みつかっている。左：編物、右上：縄、右下：樹皮製品。

あり、横型が大半で縦型はわずかである。刃部が三角形の鳥浜型が多く、楕円形の刃部は少ない。携帯用のナイフなどの切断具として使われたのだろうが、埋葬人骨との共伴関係から装身具であったものもある。石材は無斑晶質安山岩が多く、珪質頁岩や碧玉《へきぎょく》など硬質な素材がつぐ。

石錐は、長いもので五センチから短いもので一・五センチ程度で、つまみ部をもつT字形や逆二等辺三角形を主体に両端を尖らせるものなどがある。使用痕分析の結果、錐部が太いものは石器や土器などの無機質の硬い材料の、錐部が細いものは木製品や骨角器などの有機質の材料の穿孔に使われていたと推定できた。石材には頁岩や玉髄など硬質な素材を使っている。

このほかに石匙の変形やダルマ形、X字状といった異形《いけい》石器が出土している。材料は赤色の鉄石英が多い。使用痕分析の結果、尖頭部をもつものは石錐と同じ使い方をしたものがあることがわかった。このことから、異形石器のすべてが祭祀具や装身具ではないことがわかった。

このように小竹縄文ムラの人びとは用途に応じて素材を変えて多様な道具をつくり出していた。とくに木や縄などの植物性遺物は低湿地性貝塚である小竹貝塚の埋没状況から残ったもので、土器や石器偏重であったいままでの縄文時代のイメージを変える貴重な資料といえよう。

4　豊かな装飾品

あざやかな漆製品

漆を塗った土器（図50）、木製容器、縄がみつかっている。土器は基本的に浅鉢で、木製品は二点で、いずれも破片だが椀型の容器とみられる。縄は長さ二・三センチの小破片で赤漆を塗ってあることがわかる。出土したほかの縄が太さ一・五センチ以上あるのに対して、この縄は〇・五センチと細く、装飾品などに用いたと思われる。

こうした漆塗りのいくつかは、集落内でおこなっていたようで、底部に赤や黒の漆がシワ状に残った土器や土器片が出土している。これらは漆液に顔料を混ぜ合わせた痕跡とみられる。このほかパレットとして使用した土器片や漆塊が複数みつかっている。漆塊の一つは直径三センチ、厚さ一センチ弱の円筒形をしており、外面に繊維状の痕跡、内面にシワ状があり、竹などの容器に入れて保存していたことが想定できる。

図50 ● 漆塗・赤彩・漆付着土器
上・中段：漆塗や赤彩土器。下：漆を塗るための容器で、内面に漆を混ぜた痕跡がみえる。

また、土器片のなかには、押出遺跡や鳥浜貝塚などでみられるような、赤漆をベースに黒漆で文様を描いたものもあり、集落内でつくったものでなく、搬入されたとみられる。

漆製品でもっとも精巧で、めずらしいものは、鯛《たい》の歯を象嵌《ぞうがん》した漆製品である（図51）。一センチ前後の台形状の小破片である。小破片ゆえに発掘調査時にはみつからず、土壌洗浄・選別でみつかった。タケ亜科の植物の茎部（稈《かん》）を縦に割り裂いた素地にベンガラを入れた赤色漆を塗り、タイ科の魚の歯を象嵌している。鯛の歯は装飾を意図しているものとみられ、臼歯の球状部分を上にむけてみせ、先の尖った犬歯は横倒しにしてみえないようにしてある。いまでいうところの螺鈿《らでん》細工のようなものである。

これまでにタイ科の魚の歯を象嵌した漆製品は押出遺跡以外に類例がない。小破片のために全体の形はわからないが、鳥浜貝塚で同様の半球形状のものがはずれた痕跡がある漆塗りの竪櫛《たてぐし》が出土しており、この象嵌漆製品も竪櫛の一部かもしれない。

さまざまなアクセサリー

石、動物の骨、鹿角、歯牙、貝殻などでつくったさまざまなアクセ

外面　内面　X線透過画像

図51 ● 鯛の歯を象嵌した漆製品
実物は1cm足らずの小さなもの。目をこらすと鯛の歯に特徴的な丸い部分がみえる。

サリーが出土している。石を素材とするアクセサリーは、玦状耳飾二〇六点、垂飾・玉類一一一点がある（図52）。玦状耳飾には完形品は少なく、ほとんどが半分に割れている。分割後、頂部を穿孔して修復していたり、磨いて穿孔し、垂飾に転用しているものもあった。美しい石材は破損しても転用して身につけたかったのであろう。垂飾は逆三角形の基部に孔を二つあけサメ歯をイメージしたものや、棒状で両端に孔をあけた、中国の玉器である「璜《こう》」に似た璜状頸飾などがある。玉類では丸玉や管玉があり、これらを合わせて装身具としていたのだろう。これらの石材は滑《かっ》石《せき》や霰石《あられいし》など加工のしやすさとともに色彩の豊かさがうかがえる。

　動物の骨を素材としたものでは、髪針（ヘアピン）二二八点、垂飾二六二点がある（図53）。髪針の基部や垂飾には細かい刺突や線

図52 ● 石製装身具
各種の形状があり、これらを組み合わせて身につけていたのだろう。上方から中央にかけて円形およびその半分のものが玦状耳飾、中央の緑色のものはヒスイ製垂飾、その右は琥珀製垂飾、右下は管玉、左下の両端に孔の開いたものは首飾、その斜め上の三角形のものは垂飾、その上は小玉。

刻があり、精密な工芸品である。動物の骨以外にもツキノワグマ、オオカミ、サメなどのどう猛な動物の牙や歯を利用した垂飾（牙玉）が数多く出土している。これらは持ち主の力の強さを示すものなのかもしれない。

貝殻を使ったアクセサリーでは、腕輪（貝輪）や垂飾が出土している（貝輪七七点、**図54**）。腕輪にはベンケイガイやフネガイ科などの二枚貝の中央を打ち欠いて周囲を磨いたものがある。その途中段階の未成品や欠損品も多くあることから、小竹縄文ムラで製作していたことがわかる。

貝輪の素材としてもっとも多いベンケイガイは現在、県内では生貝は獲れず、死貝でも大型の貝殻は高岡市の雨晴《あまはらし》海岸でしか打ち上げられたものを採取することができない。ほかにマガキガイやツノガイを用いた垂飾も出土している。これらも打上げ貝を利用したのだろう。

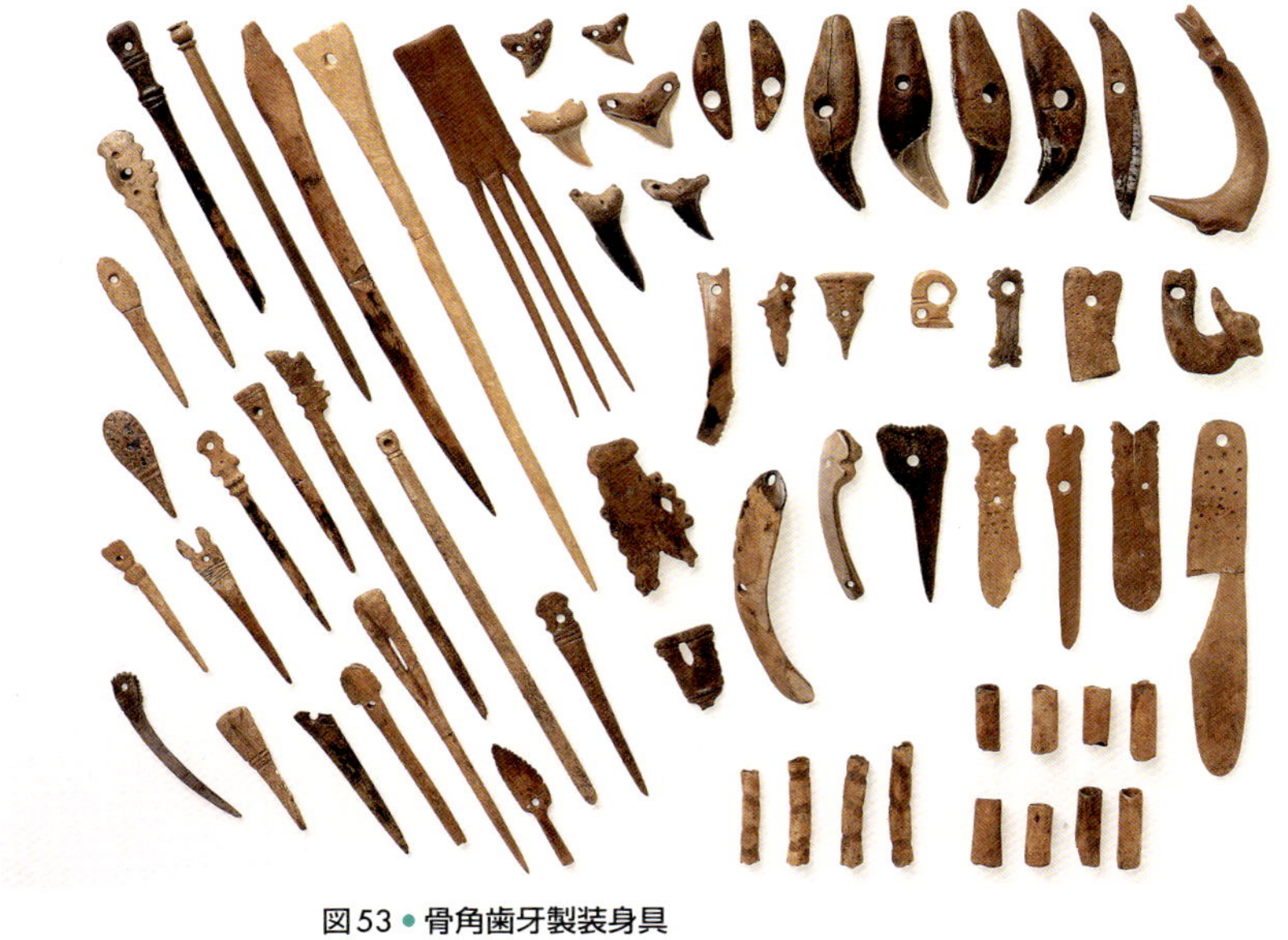

図53 ● 骨角歯牙製装身具
装身具では骨だけでなく歯や牙などを利用している。左側の斜めのものは髪針、上側3本歯の髪針の隣2列6個はサメ歯の垂飾、その隣は牙玉、右上端とその下2列は垂飾、右下側は管玉。

アクセサリーで変わったものはクルミの加工品である（**図55**）。まずクルミの殻を縦に半割し、表面と内面を研磨し、頂部を切断し、上部に孔をあけている。垂飾の一部として使ったものとみられる。一〇〇点出土しており、多くはヒメグルミで、食用として大量に出土しているオニグルミは数少ない。ハート形のようなヒメグルミの形状を嗜好しているのだろうか。クルミの装飾品が出土するのは富山県の上久津呂中屋遺跡や滋賀県の粟《あわ》津《づ》湖《こ》底《てい》遺跡ぐらいで、類例は少ない。

土製のアクセサリー

土製品でも、さまざまなアクセサリーが出土している（**図56**）。

イノシシ形土製品は長さ七・五センチ、重さ四六・六グラムの掌にのるサイズで、背面から側面にかけて横方向に五列の半截《はんさい》竹管《ちくかん》刺突を入れており、幼獣（ウリボウ）の縞模様をあらわしてい

図54 ● 貝輪
左下がオオツタノハ、右上はカキ類の貝輪。右下はゴカイの棲管を利用した管玉。それ以外はベンケイガイとフネガイ科。

るのであろう。前期後葉の土器文様をとり入れている。前面には頭部、後面には尾部をつまみあげてつくり出し、腹面には逆台形状の脚部を四つ付けている。

山梨県考古学協会の新津健さんによれば、イノシシ形土製品は中期以降に出現するもので、前期後葉の本品はこれまでのところ日本列島最古となる。コブ状の背面から腹面には二つの貫通孔があり、中期以降のものとは異なる様相をもつ。埋葬人骨の近くでみつかっており、副葬品だったかもしれない。

土器片の縁辺を剝離して矢じりの形にした土器片鏃がある。長さ二・九〜三・五センチ、幅二・一〜三・二センチ、重さ三・〇〜六・一グラムで、石鏃の平均よりはやや大きい。土製なので実用品ではなく、祭祀用だったのだろう。このような土製品は東海地方では複数あるが、北陸地方でははじめての出土である。

図55 ● クルミ製品
ヒメグルミの多くは穿孔されるなど製品として使われている。

骨状土製品は、長さ九センチ、幅一・七センチの棒状のもので、文様はなく、ユビで上下に骨端部をつくりだしている。まさに人骨の多い小竹貝塚を象徴するような土製品で非常にユニークなものである。

土製円盤は土器片を加工して円形に仕上げたもので、粘土塊についで多く出土している。中央部に孔をあけたものや側面を研磨しただけのものなど数種類があり、紡錘車や研磨具などの用途が考えられる。穿孔途中のものも多い。

このほかに粘土

図56 ● 土製品
上：イノシシ形土製品。下：左上の2つは諸磯式土器の獣面突起。これに接合する破片はなく、この部分のみが土製品のように流通していたのだろう。その隣は上からみたイノシシ形土製品。獣面突起の下2点は土器片錘。中央右寄りの細長いものが骨状土製品。右側2列は土製円盤。左下4つが焼成粘土塊。

を片手で握ったような粘土塊が多く出土している。胎土分析の結果、土器とほぼ同じ素材で、ヤマトシジミ貝殻片が含まれているものがいくつかあり（図57）、文様をつけているものもあり、縄文土器の試作品だったのかもしれない。

前節でみたように装身品についてもそれぞれの特性にあわせて素材を変えている。それに加えて色に対する強い想いを感じる。それは、石であれば実用具は灰色など地味な色合いに対し、赤・黄色・緑・透明など目立つ色をもつ素材を使っているし、土器や木製品であれば赤や黒の漆を塗ってその色合いを際立たせている。このように小竹ムラの縄文人はかなりオシャレに気を使っていたといえるだろう。

図57 ● シジミ片の入った蜆ヶ森式土器
蜆ヶ森Ｉ式土器の口縁部破片。割れ口にみえる白いものがシジミ。

5 出土品からみた地域交流

以上、本章では、小竹貝塚人の生活にかかわるさまざまな遺物をみてきたが、すでにふれたように、それは小竹縄文ムラ内でつくられたものだけではなく、外から入ってきたものもある。本章の最後に、そうした外との交流についてみていこう（図58）。

小竹貝塚では、縄文土器、木製品、繊維製品、石製品、骨角・貝・歯牙製品などで、多種多様な交流を示す遺物が出土している。

もっとも遠方との交流を示すものではオオツタノハ製の貝輪をあげることができる（図59）。半分に割れて出土し、埋葬人骨に装着されてはいないが、墓域からみつかっており、本来装身具としていたものが改葬時に破損して移動したのかもしれない。

オオツタノハは、九州の大隅諸島・トカラ列島もしくは伊豆半島以南でしか生貝の採取は不可能で、市原市教育委員会の忍澤成視《おしざわなるみ》さんの研究によると、これまで日本海側では縄文時代のオオツタノハの出土例はない。

そのため小竹貝塚から出土したオオツタノハ製の貝輪は外からもたらされたものだが、その流通経路を検討すると、伊豆方面からもたらされたものとすると、経由したであろう中部山岳地帯で多くみつかるはずだが、いまのところ縄文時代前期にはみられない。一方西方では、早期後葉の

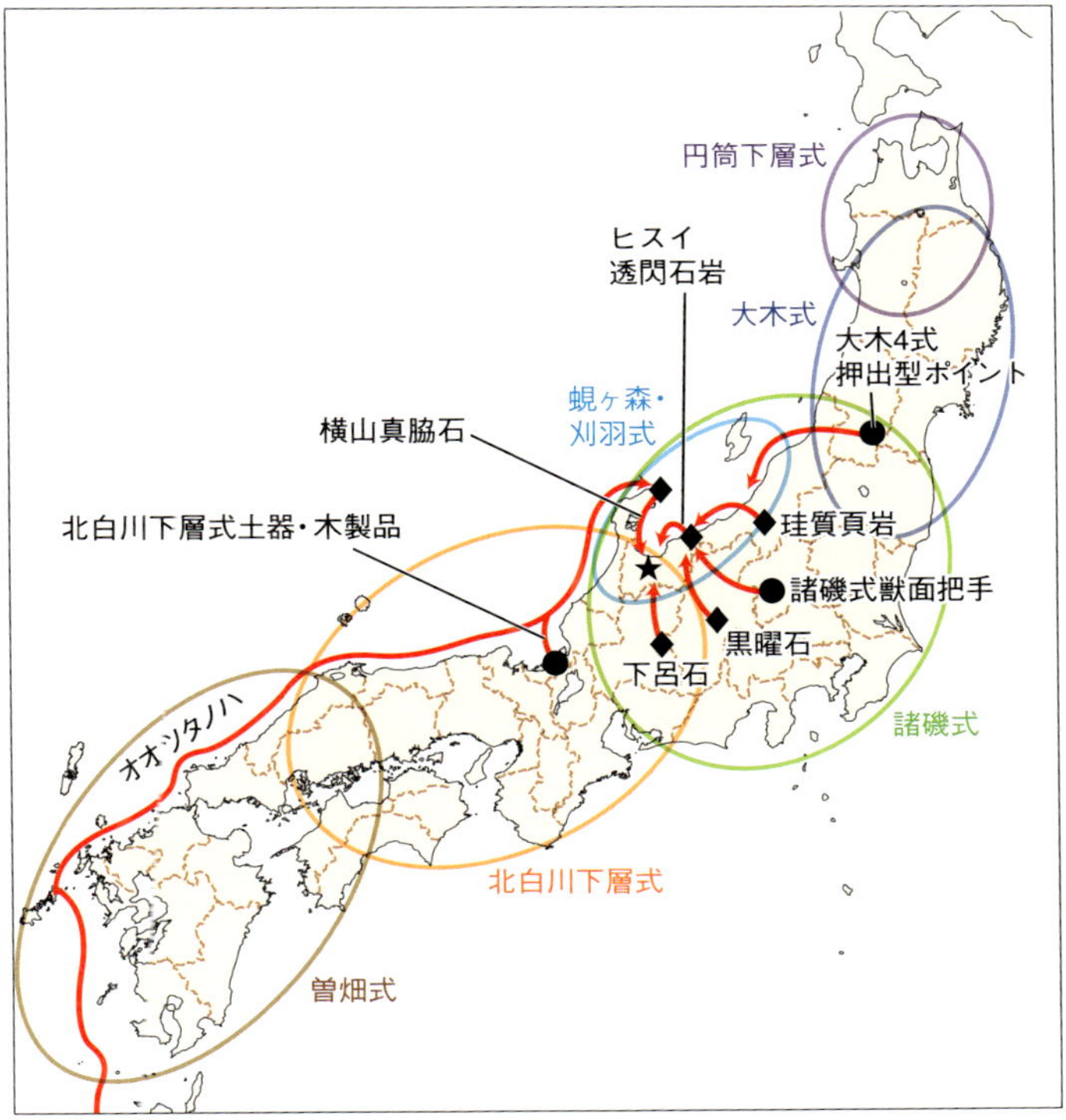

図58 ● 小竹貝塚への遺物搬入の推定図
これは模式図で、直接遠隔地からもたらされたのではなく、中継地があったかもしれない。

佐賀県の東名《ひがしみょう》遺跡で出土していることから、日本海ルートで九州から伝わってきたのかもしれない。直接かの地から搬入されたものかはわからないが、地域の中核となる遺跡でもおよそ一つしか出てこないもので、貴重品として流通したのだろう。

石器の石材では、長野県の黒曜石、岐阜県の下呂石《げろいし》、糸魚川付近のヒスイや透閃石岩、産地は不明だが琥珀《こはく》などは遠隔地からの搬入品である。ヒスイの加工品は剝片の表面を磨いただけで垂飾とはいいにくいが、緑色の鮮やかな部分のみを素材としている。これは富山県内ではもっとも古く、国内でも新潟県大宮遺跡や古町B遺跡出土品とならび最古級となる。

縄文土器では新潟県から長野県北部に多く分布する格子目文を施した刈羽《かりわ》式、関東地方に多く分布する肋骨文や浮線文を施した諸磯式、近畿地方を中心に分布する薄手で爪形文を施した北白川下層Ⅱ式土器など各地の土器が数多く搬入ないしは模倣されて入ってきている。また、東北地方南部に分布する口縁部に波状や円形の隆帯を貼り付けた大木《だいぎ》4式土器の破片が一点出土している（**図60**）。日本海を南下してはるば

図60 ● 大木4式土器
東北のものが直接もたらされたわけではないとみられるが、小竹貝塚では唯一の大木式。

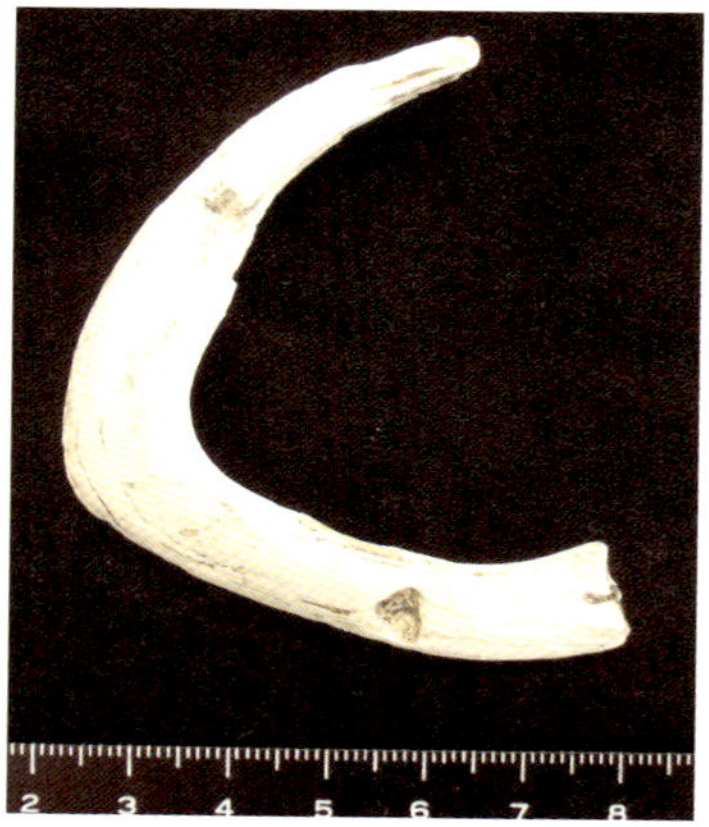

図59 ● オオツタノハ製貝輪
半分しか残っていないが、ていねいに磨かれ、オオツタノハ特有のへこみが複数みえる。

るもたらされたものなのだろうか。いずれにせよ、大木4式土器の出土は日本海側ではいまのところ最西端の出土となる。

木製品では、容器や小型弓などがあるが、これらは鳥浜貝塚で出土したものと酷似している。とくに逆台形の容器部分に三本の脚がつく筒形三足器（図61）は鳥浜貝塚以外ではじめての出土であり、二遺跡の関係がうかがえる。ただし、鳥浜貝塚出土品は完成品、小竹貝塚出土品はいずれも未成品であり、もしかしたら小竹貝塚から鳥浜貝塚にもたらされたのかもしれない。

このように東北から九州まで遠隔地との交流を示す遺物が数多くみつかっている。このことは小竹貝塚の特徴を示している。たとえば、県内にある同時期の平岡遺跡や立山町の吉峰《よしみね》遺跡は大きな集落だが、小竹貝塚のような外来や遠隔地の遺物はあまりみつかっていない。それにはこの時期が縄文海進期で各地に水域が広がっていたことが関係しているだろう。小竹貝塚は水域に接しており、丸木舟を使えば各地に容易に移動できた。ヒトとモノが移動しやすい環境にあったといえよう。一方で、平岡遺跡や吉峰遺跡は台地や山地近くにあ

図61 ● 小竹貝塚と鳥浜貝塚で出土した筒形三足器
左が小竹貝塚出土の未成品、右が鳥浜貝塚の完成品。

り活発な移動がなく、外来品が入ってこなかったのかもしれない。

以上、小竹貝塚のさまざまな出土品から小竹貝塚人の暮らしを想像してみると、小竹貝塚人は眼前に広がる汽水域でヤマトシジミを採取し、そこに入り込んでくるクロダイやスズキ、水辺に集うカイツブリ科などの水鳥たちを獲っていた。裏手の丘陵ではニホンジカやイノシシなどの動物を捕獲し、クリやオニグルミなどの木の実を拾っていたようだ。ときには丸木舟を使って海に出て、イルカ、マダイ、サザエなども獲ってきた。

そして、これらを高台のムラに持ち帰り、食した。ムラのはずれには沼状の低地があり、木材加工や食材の加工をしたり、貝殻を廃棄した。そして貝層が厚くなり、やがて落ち着いた陸地となってから、そこに穴を掘りお墓をつくっていった。そんな光景がうかぶ。

図62●小竹貝塚での暮らし復元イラスト（早川和子画）
小竹貝塚人はきっと海越しの立山を眺めていたのだろう。

第5章　縄文人骨は語る

1　どのように埋葬されたのか

第3章でみてきたように、小竹貝塚の前期後葉の貝層からは、少なく見積もっても九一体の人骨がみつかった。明確な数でないのは、埋葬人骨の多くが散乱骨（図63）となっていたからだ。埋葬人骨が限られた墓域にあることで、埋葬のたびに以前に埋葬した人骨を掘り返したためとみられる。散乱した手足の骨には石器などでつけた人為的損傷があり、これは石器で墓穴を掘った際に出てきた人骨についた痕跡と考えられる。

墓穴は埋葬する人の体形や、手足を強く曲げて葬った屈葬《くっそう》や手足を伸ばして葬った伸展葬《しんてんそう》といった埋葬形態にあわせて掘ったとみられ、いくつかの埋葬人骨では墓穴の痕跡をみつけることはできた。しかし、貝層内に穴を掘り、埋葬後貝で穴を埋め戻していることから、多くの場合はみつけることが困難であった。

埋葬形態がわかるものでは屈葬が三六体、伸展葬が一体、乳児骨を納めた土器棺《どきかん》が四基みつかった。屈葬では上向きの仰臥《ぎょうが》が二三体、横向きの側臥《そくが》が一〇体、不明が三で、仰臥のうち九体は胸から腹のあたりに石や大きな石器を置く抱石葬《だきいしそう》であった（**図64**）。

男女差でみると、屈葬は男女両方あるが、抱石葬は男性のみで、伸展葬の一体は女性であった。埋葬形態には性差があるようだ。推定年齢別にみると、周産期〜乳児期（一歳以下）では土器棺、幼児期（二〜一五歳）では仰臥屈葬、青年期（一六〜二九歳）では仰臥屈葬に抱石葬と側臥屈葬が加わり、中年期（三〇〜四九歳）では伸展葬が加わりすべての葬法がみられる。老年期（五〇歳以上）の人骨が複数あり、長命な人もいたようだ。なお、老年期の屈葬人骨は手足を強く曲げる傾向がある。

また特異な事例として、埋葬位置を保っていない散乱骨であるが、下肢骨を平行にならべているのがみつかっている（35号人骨、**図65**）。この人骨は成人女性とみられ、別の新たな埋葬時に、以前に埋葬されたこの人骨を掘り起こしたものの、バラバラに放置するのではなく、下肢骨をそろえることで、いわば改葬したとみられる。頭部からはミニチュア土器が頭に載せた

図63 ● 散乱骨（8号人骨：中年男性）
肋骨はおそらく原位置をとどめているが、
四肢骨はバラバラになっている。

土器棺（3 号土器棺：1 歳前後）

仰臥屈葬（28 号人骨：青年男性）

仰臥屈葬で抱石葬（64 号人骨：青年男性）

伸展葬（9 号人骨：中年女性）

図 64 • さまざまな埋葬形態
低湿地性貝塚であるためか骨の色調は白ではなく、
茶～黒色となっている。

かのように出土した。祭祀行為として置いたのかもしれない。

唯一の伸展葬である中年女性（9号人骨）の右腰脇からは、クルミの殻を割るなど木の実の加工に使ったとみられる凹石が出土している。植物加工は女性の仕事ということであろうか。35号人骨の頭部にあったミニチュア土器は凹石と形状が類似しており、凹石をもつ9号人骨も女性であることから、その形状に意味があるのであろう。

2 科学分析からわかったこと

発掘調査の終わった二〇一〇年、財団は国立科学博物館人類研究部（科博）と「小竹貝塚出土人骨の研究に関する連携・協力協定」を締結し、人骨にかかわる調査研究を共同でおこなうこととなった。これは発掘調査に携わったわたしたち考古学研究者では人骨を十分に分析できないため、人類学者を交えて研究していく必要がでてきたからだ。科博人類研究部部長（当時）の溝口優司さんは富山県出身で、しかも一九七〇年に小竹貝塚ではじめてみつかった

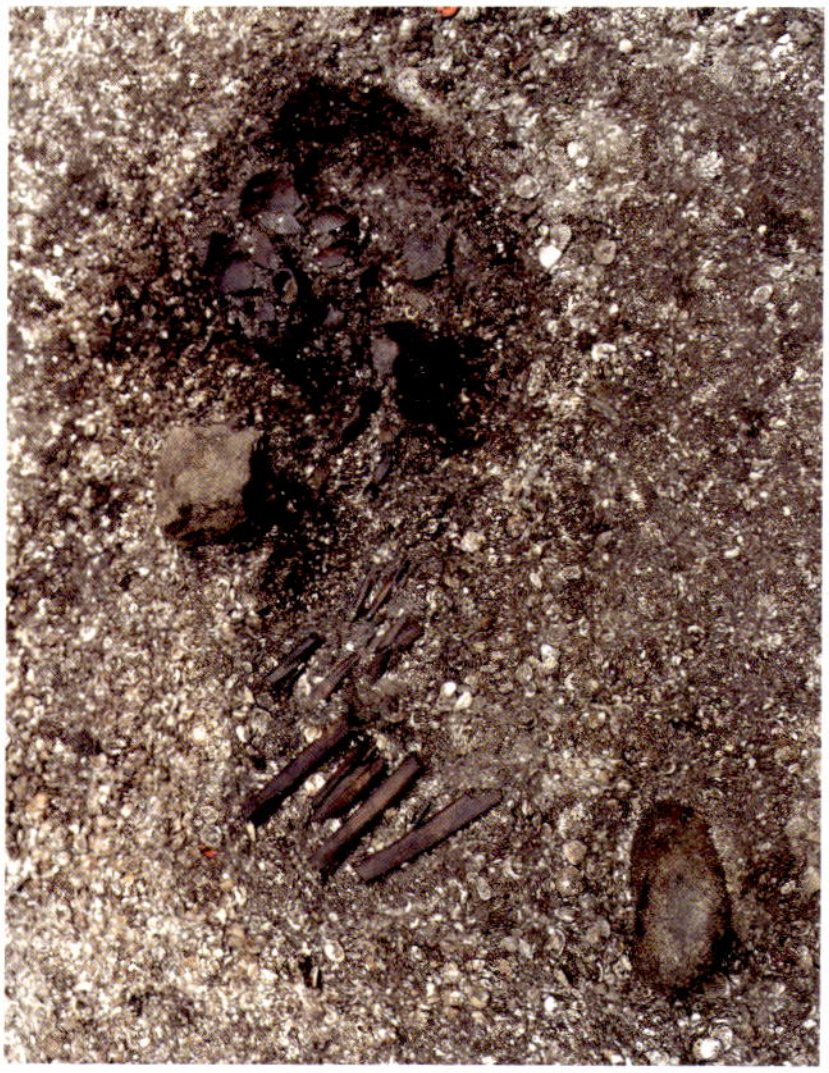

図65 ● 改葬の痕跡が残る散乱骨（35号人骨）
左：上に頭部、その下に四肢骨を平行にならべている。
右：頭部にあったミニチュア土器。

県教委出土人骨を分析しており、四〇年以上も小竹貝塚人骨にかかわってきている。

小竹貝塚人のルーツ

小竹貝塚人骨は縄文時代前期では国内でもめずらしく大量に出土したことから自然科学分析の試料として重要であった。科博の篠田謙一さんは、人骨からミトコンドリアDNAを抽出し小竹貝塚人のルーツを追う研究をおこなった。ミトコンドリアDNAは、一つの細胞のなかに数百から数千あるDNAで、母から子へと母系の遺伝情報が残っている。古く微量な資料からも採取可能なもので、小竹貝塚の人骨四一個体中一三個体で抽出に成功し、ルーツを考えることができる良好なデータを得ることができた。

ミトコンドリアDNAのうち突然変異によって新たに生まれ、集団内に固定されるタイプのことをハプログループといい、ミトコンドリアDNAの抽出に成功した一三個体のハプログループをみると、北方系の遺伝子を受け継ぐとみられるN9b：五体、A：二体（そのうちA4：一体）、G2：一体と、南方系とみられるM9a：三体、M7：二体（そのうちM7a：一体）である

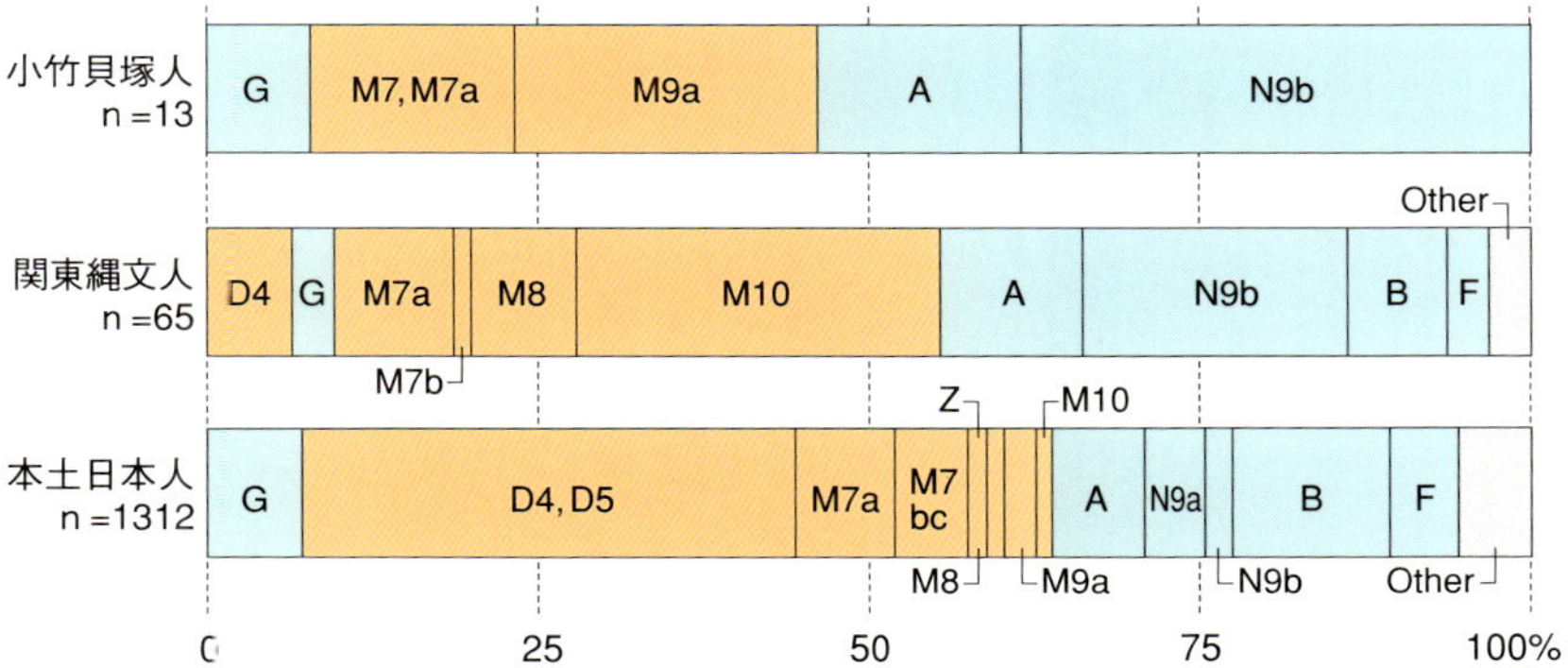

図66 ● 小竹貝塚のハプログループ頻度
上2つは縄文人のハプログループだが、
微妙に異なる。地域差だろうか。

ことがわかった（図66）。このことから小竹貝塚には、北方系の遺伝子と南方系の遺伝子を受け継ぐ人がいたことになる。このようなあり方はこれまで縄文時代後・晩期からとみられていたが、縄文時代前期にまでさかのぼることが明らかになっただけでなく、列島への旧石器時代の集団の流入が北方と南方の二つのルートが考えられていることと一致し、縄文人のルーツを考えるうえで興味深い。

多様な食性

東京大学総合研究博物館の米田穣《みのる》さんは、人骨から食性分析をおこなった。人骨に残るコラーゲンで炭素と窒素の安定同位体比を測定し、タンパク質を構成するアミノ酸の由来を推定して生前の食性を復原するものである。分析試料七一体のうち二八体からデータをとることができた（図67）。

米田さんの分析によると、小竹貝塚人の人骨のコラーゲンからえられた炭素と窒素の安定同位体比は、淡水魚を中心として植物から草食動物、サケなどの範囲に分布しており、大きな貝

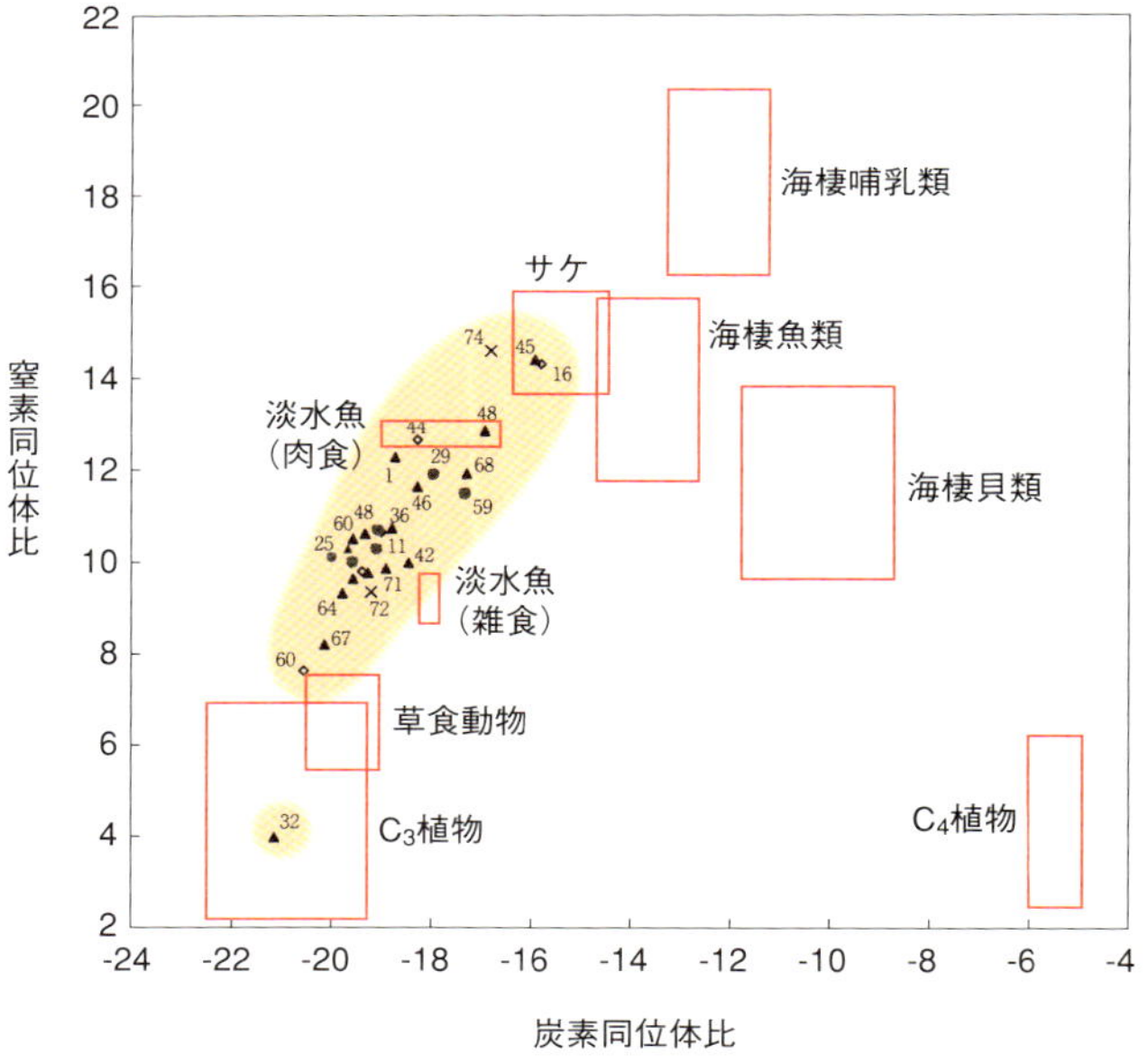

図67 ● 小竹縄文人は何を食べていたか
人骨のコラーゲンで測定したタンパク質源比。▲は男性、●は女性、×は子ども、◇は性別不明、番号は人骨番号。C_3植物にはトチやクリなどの堅果類をふくむ多くの樹木が属す。

層をつくり出したヤマトシジミばかりを食べていたのではなく、陸上と海洋の動植物を組み合わせて食していたことがわかった。縄文土器に付着していた炭化物の安定同位体分析でも同様な結果が出ている。

太平洋沿岸にある貝塚の縄文人骨でも同様な傾向であるので、これは縄文人の一般的傾向といえるかもしれないが、どの人骨も同じではなく個性があったようで、なかには植物や魚類に大きく依存する人もいたようだ。とくに男性で個体差があり、この差は狩猟活動をしていたのか漁労活動をしていたのか、その人の活動の違いをあらわしているのかもしれない。また、人骨の年代測定値とあわせて検討してみると、年代が新しくなるほど海産物の摂取量が減少していく状況がみえ、小竹貝塚の眼前の環境が汽水湖から沼沢地へと変化した兆候を示しているとすれば興味深い。

また古環境研究所の金原正子さんがおこなった人骨の下腹部付近の土壌採取による寄生虫卵の分析では、少なくとも一六体で寄生虫卵がみつかった。このうちの一体ではサケ科の魚の寄生虫の卵が検出されており、実際にサケ科の魚を食べていたことが明らかになった。多くの縄文人骨で寄生虫卵分析をおこなうことができたのは小竹貝塚がはじめてであった。

形態分析でわかったこと

科博の坂上和弘さんが中心となって人骨の形態分析がおこなわれた。バラバラになった人骨片をつなげたり、大量の人骨を一個体ずつよりわけるといった膨大な作業をおこない、結果、人骨を一六一個体に分けた。この中には同一個体のものも含まれている可能性があり、もっとも重複部位が多い左大腿骨の骨幹近位部の数と土器棺をカウントして、すでに述べたように最小個体数を九一個体とした。また、人骨の計測から推定身長や形状などを明らかにした。

こうした形態分析から、男性が女性の約二倍であったことがわかり、死亡推定年齢は青年期（一五～二九歳）が多く、また周産期もある程度みられることから、厳しい生活環境にあったことがわかった。身長についてみると、縄文人の男性の平均身長は一五八センチといわれているが、小竹貝塚からは一六五センチ以上の高身長の人骨が複数出土している。一方、女性は縄文人の女性の平均身長一四八センチとそれほど変わらず、高身長はいなかった。

頭骨が小さく短頭傾向であること、顔面や四肢骨が華奢な傾向も、ほかの遺跡から出土した縄文時代早・前期の人骨に似ているという。全体的には多様性があり、これまで資料数が少なかった縄文時代前期の人骨で多くのことが明らかになってきたという。

3　多様な小竹縄文ムラの人びと

ムラの巨人（1号人骨）

つぎに、以上の人骨研究によってわかってきた特徴的な五人の小竹貝塚人についてみていこう。1号人骨は、腕を強く折り曲げ、脚は左向き斜めに持ち上がった状態で折り曲げた仰臥屈葬で、胸の上に重さ六キロ弱の自然礫（凝灰岩）を載せた抱石葬であった（図68）。青年期

（一五～二九歳）の男性である。

頭蓋骨の頭頂部付近（ブレグマ部）の骨が厚くなっていた。これは生前、つむじ付近に負荷がかかり変形して厚くなったもので、頭上に物を乗せて運搬するなど頭部に負担を与える行為をしていた可能性がある。また、足首の前側にある距骨の変形から、膝を折って腰を落とすしゃがんだ蹲踞《そんきょ》姿勢を習慣的におこなっていたものとみられる。炭素・窒素安定同位体比の分析では、淡水魚を多く摂取していた数値が出ており、コイやフナなどを多く食べていたのかもしれない。

この男性で注目すべきは、身長一七〇センチ弱と高身長の点である。縄文時代男性の平均推定身長は一五八センチといわれているから、かなり背が高い。ムラ一番の巨人かもしれない。なお、財団の発掘調査ではじめて掘り出した埋葬人骨であり、感慨深い。

ムラの長老（70号人骨）

70号人骨は男性で、右腕を外側に強く曲げ、左腕をV字状に曲げて胸の上に置き、脚は強く折り曲げ右向きにそろえた仰臥屈葬であった（図69）。推定年齢は老年（約

図68 ● **1号人骨**（抱石葬：青年男性）
財団の発掘調査ではじめてみつかった人骨。頭部があらわれたときは縄文土器の浅鉢だと思った。

五〇歳以上）、推定身長は一六一・三センチと平均よりやや高めである。頭は西に向く。

この男性の特徴は、副葬品が豊富であることだ。右腕のすぐ近くの二〇×一五センチの範囲から磨製石斧・石匙・石鏃・骨製刺突具がみつかった。体の脇にまとまってあったので、皮袋に入れるなどして副葬されたのであろう。

磨製石斧は四本あり、素材はすべて角閃岩。長さ約四センチの小型のものが一個あり、ほかは七・七センチの大型のもので、一つは未成品であった。使用痕分析から大型のものは木の伐採に使用した斧で、小型のものは刃端に直交する線状痕があることから ノミとして使用したと考えられる。12号人骨でも大小異なるサイズの磨製石斧が一緒に出土しており、これを研ぐ砥石もあわせもっていることから、70号や12号は木材加工に従事していたのかもしれない。

石匙は、無斑晶質安山岩を素材とし、二等辺三角形の刃部につまみがつくもので、鳥浜型とよばれる携帯用のナイフである。石鏃は無斑晶質安山

図69 ● 70号人骨（仰臥屈葬：老年男性）**と副葬品**
きれいな屈葬人骨。右腕の横に磨製石斧がまとまっているのがみえる。皮袋などに入れてあったと思われる。

岩を素材とした平基無茎の未成品で実際に使われていない。骨製刺突具はシカやイノシシなどの脚部を割ってつくり出した破片で、一方を尖らせた狩猟具である。以上のまとまって出土した石器と骨角器は、この男性が大事に持ち歩いていたものかもしれない。

この男性のもう一つの特徴は、左大腿骨を骨折しながらも人為的に固定して高齢まで生き延びたことがわかる点だ。左大腿骨が折れた後に少しずれて再生している痕跡があり、また左脛《けい》骨《こつ》（すね部）と腓骨《ひこつ》（ふくらはぎ部）に溝を残すほどの強い力で紐などで縛り上げた痕跡があるからである。このことから片足で杖をつくなどして生活していたことがうかがえる。

このほかに、犬歯にはストレスマーカーの一つであるエナメル質減形成がみられ、腰椎にはリッピングという骨病変化があり、右大腿骨には骨膜炎がみられる。また寄生虫卵分析では鞭虫卵（寄生虫症の可能性あり）を検出した。

この男性は数々のケガや病気をしながらも長生きした。厳しい生活環境のなか、ほかの人に介護されながら生き抜いた、つまり大事にされていた。ムラの長老であったのだろうか。

旅の人？（14号人骨）

14号人骨は男性で、両腕を折り曲げて菱型状と

図70 ● **14号人骨**（抱石葬：成人男性）
中央の平たい石（砥石）が抱石で、その左右に墓穴を検出した際のアゼが残る。

し、脚を右向きにそろえる仰臥屈葬で、胸の上に砥石を載せている抱石葬である（図70）。年齢は不明だが成人で、身長は一六九センチ近くあり背が高い。頭は南を向けている。小竹貝塚ではめずらしく、埋めた土の違いから墓穴（長軸約一六〇センチ、短軸約七〇センチ）を確認できた。この人骨も頭部のブレグマ部が肥厚し、頭上運搬などがうかがえる。また右鎖骨の肩峰端が下垂し大腿骨に強い左右差がみられることから、右肩に強い負荷のかかる動作をしていたことがわかる。

　この男性は、出土人骨のなかでは唯一、装身具と副葬品をあわせもっている（図71）。装身具は、顎の下から胸部にかけて牙玉・管玉・垂飾がまとまって置いてあった。牙玉は二つあり、オオカミの上顎の左右犬歯で基部に穿孔したもの、管玉はカンザシゴカイとみられる棲管の両側を切断したもの、垂飾は「し」の字状に曲がった鹿角を素材としたもので、これらはセットでネックレスとし

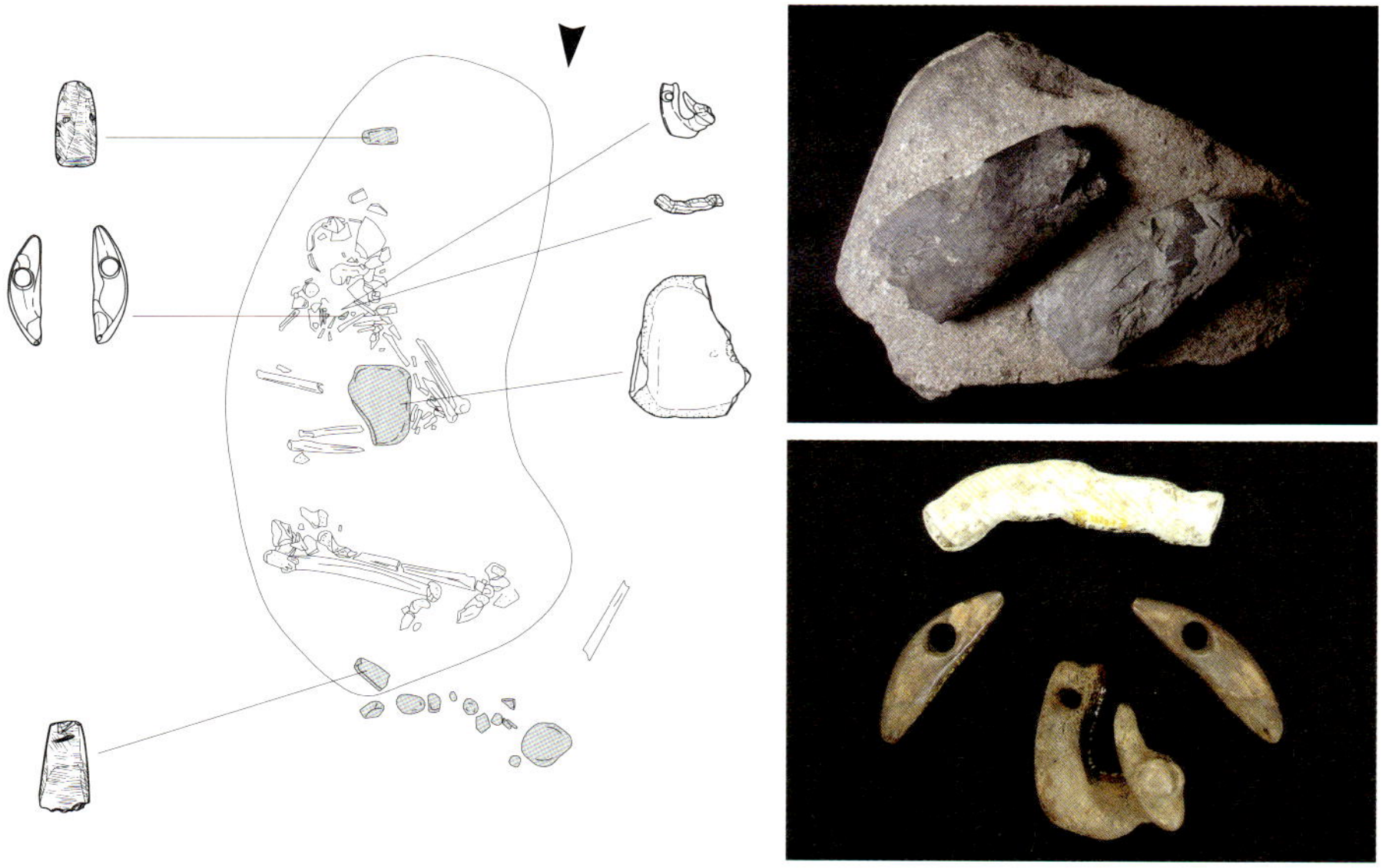

図71 ● 14号人骨の副葬品と装身具
右上の写真が副葬品の磨製石斧とそれを研ぐ砥石。
右下は首飾りとみられる骨角器。

て首に巻いたのであろう。オオカミやツキノワグマなど、どう猛な動物の犬歯は被葬者の強さを示すアイテムであったのかもしれない。

副葬品は、頭の上方と足の下方に磨製石斧を一本ずつ横にして置いてあり、胸から腹部あたりに砥石を抱石として置いていた。磨製石斧はいずれも角閃岩で刃部を欠損しており、使用痕分析の結果、木を切る道具として使用したものだ。砥石は砂岩で、一部欠損しているが、表も裏も使用した痕跡がある。磨製石斧を研いだとみられる。

26号人骨でも、穴をあけた牙玉二個と鮮やかな青色の石匙一個が出土している。ともに胸部にあり、石匙も牙玉と組み合わせて利器ではなく首飾りとして身につけていたのだろう（**図72**）。ちなみに副葬品としての石匙は二等辺三角形の刃部をもつタイプ（いわゆる鳥浜型）であるのに対し、装身具としての石匙は楕円形の刃部をもつタイプで、形状の差もあるようだ。

以上、磨製石斧の置き方が12号・70号人骨では袋状の入れ物などに入れて脇に置いているのに対して、14号人骨では頭上と足下に一つずつ配置していること、装身具もオオカミの犬歯を牙玉とし、奇形の鹿角垂飾

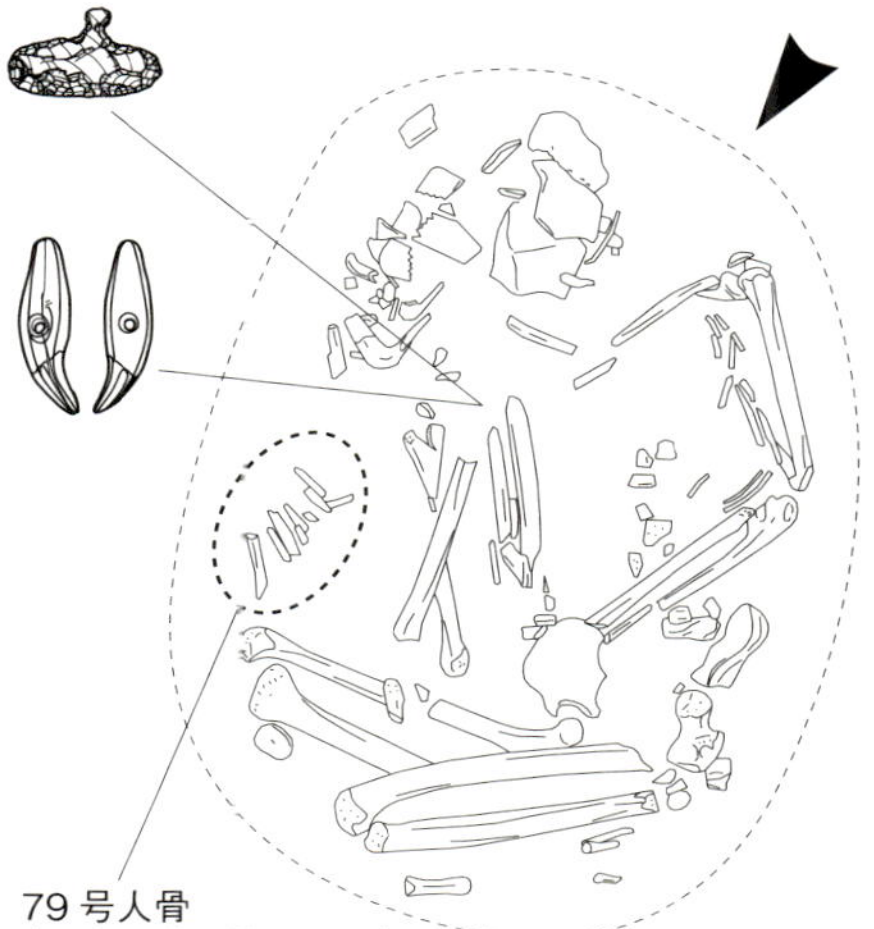

図72 ● 26号人骨と装身具
屈葬人骨（26号人骨）の右側にある79号人骨は四肢骨をならべてあり、改葬の可能性が高い。

とゴカイ類棲管製管玉という小竹貝塚で唯一出土している品々をもっていること、さらに寄生虫卵分析から唯一サケ科の生食によって感染する広節裂頭条虫卵が出ているなど、小竹貝塚のなかでは特異なあり方をしており、もともと小竹ムラにいた人物ではなく、ヨソから入ってきた人物と考えられる。富山県では県外出身者のことを「旅《たび》の人」とよぶが、彼もそれにあたるのかもしれない。

オシャレな女性？（25号人骨）

25号人骨は、右腕をくの字状に折り曲げて胸の上に載せ、脚を強く折り曲げる側臥屈葬の、一五〜二九歳の女性である（**図73**）。身長は縄文人の女性の平均とほぼ同じ一四七・五センチで頭は西を向けている。骨盤にある寛骨《かんこつ》に妊娠痕とみられる耳状面前溝《じじょうめんぜんこう》がみえることから出産の経験があるようだ。

ミトコンドリアＤＮＡ分析ではハプログループがＡ４で、北方系の遺伝子を示す。炭素・窒素安定同位体比では淡水魚と草食動物とのあいだに入り、コイなどの魚とシカなどの動物を同じぐらい食べていたと推定される。下顎の奥歯には虫歯が六つもある。

この女性で注目されるのは、陥没した頭骨内から玦状耳飾が二つみつかったことである（**図**

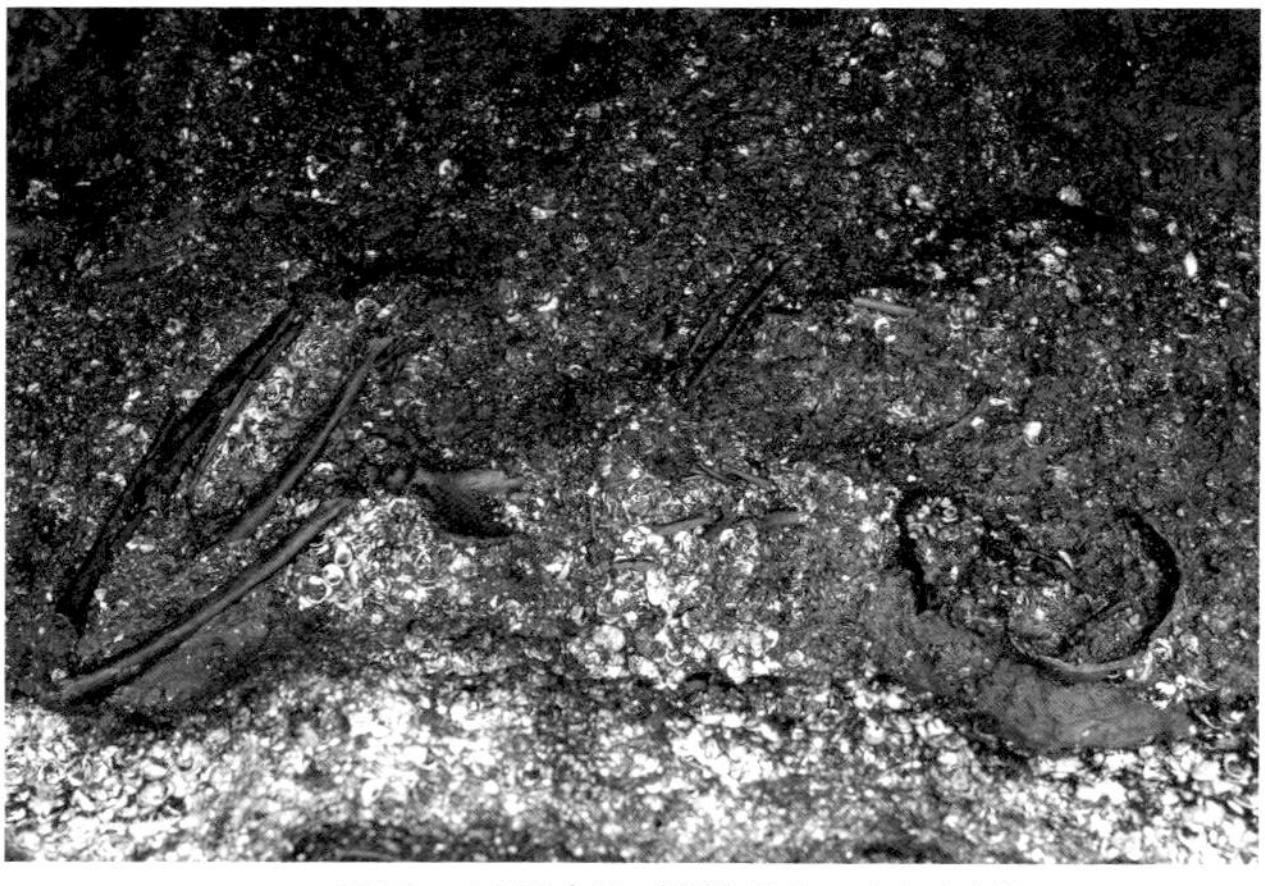

図73 ● 25号人骨（側臥屈葬：青年女性）
調査区の南端からみつかった。頭部が陥没しているが、保存状態はよい。

74）。一つは半透明で灰色をした滑石で、もう一つは白色の霰石で、大きさはほぼ同じ三・九センチである。玦状耳飾については玦飾《けつかざり》と呼称し、耳飾ではなくほかの装飾品だとする見解もあるが、25号人骨では側臥屈葬の陥没した頭部内から二つセットでみつかっていることから、耳飾とするのが自然であろう。

小竹貝塚では数多くの玦状耳飾が出土しているが、人骨にともなうのはこの女性のみであった。特別な女性だったのだろうか。北方系のルーツと関連するのかもしれない。

あまちゃん？（73号人骨）

73号人骨は、下肢は強く折り曲げ右向きにそろえる側臥屈葬で、約三〇～四九歳の女性である（図75）。顔面は右下向きで保存状態が良いが、上肢は欠損している。推定身長は一四九センチ強で縄文女性の平均とほぼ同じである。右鎖骨の肩峰端が下垂していることから、右肩に負担のかかる姿勢をしていたものとみられる。寛骨には妊娠痕がみえ出産の経験があるようだ。奥歯に虫歯が三

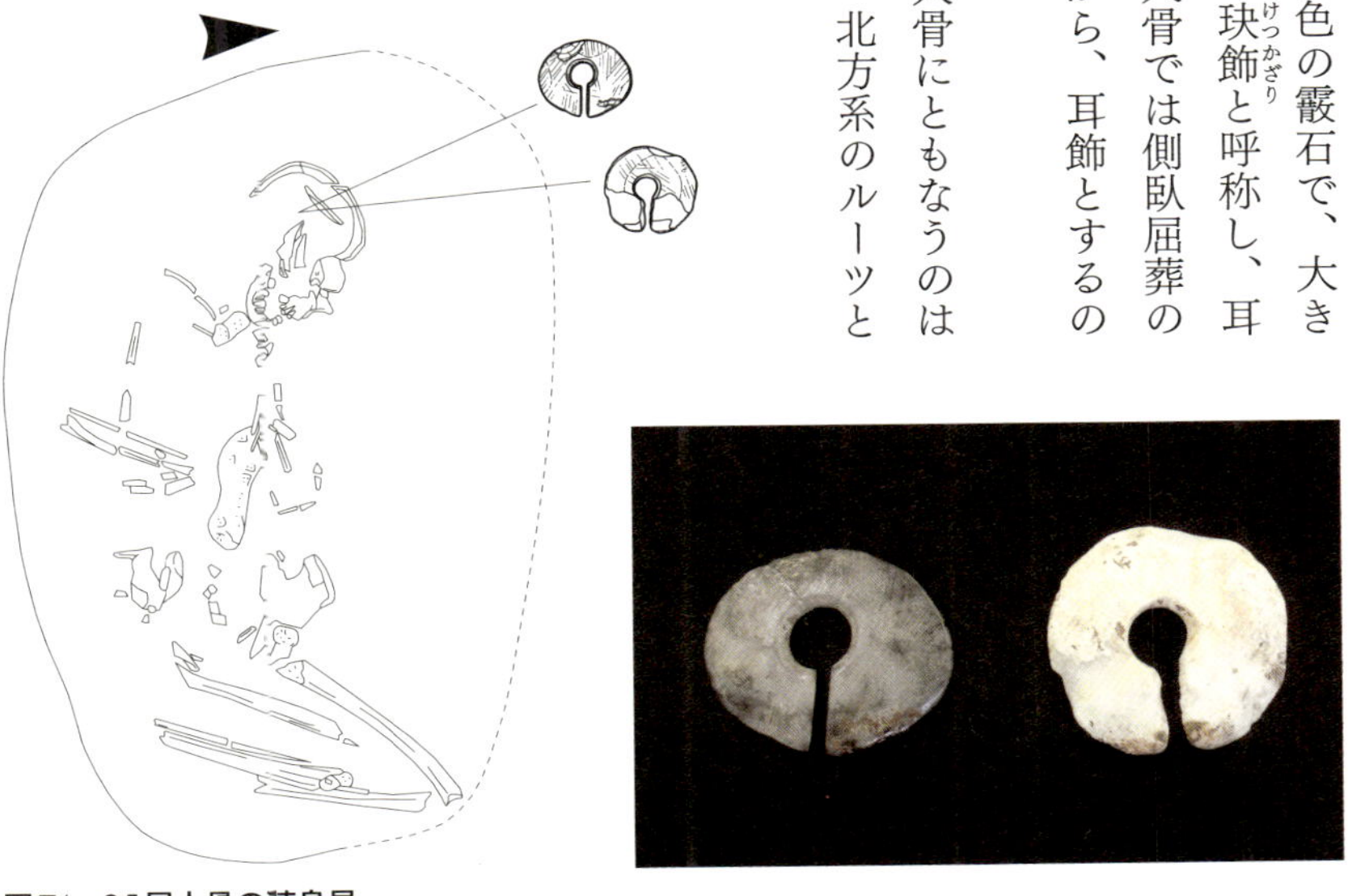

図74 ● 25号人骨の装身具
玦状耳飾はほぼ同じサイズだが石材が異なる。風化しているとはいえ色合いの異なるセットもあったのだろうか。

つある。人骨周辺の土壌の寄生虫卵分析では鞭虫卵がみつかった。また胸椎癒合症のみられることから骨折したことがあるらしい。この女性で注目したいのは、両耳の外耳道骨腫《がいじどうこつしゅ》である。この骨腫は潜水による衝撃でできるといわれ、サーファー耳ともよばれる。素潜りで漁をするいわば海女さんだったと考えられる。

以上、埋葬人骨の分析結果から小竹縄文ムラで暮らした五人をとり上げたが、縄文時代前期の人びとについて、全体的な傾向ではなく、個人レベルでその生業や暮らしぶりを明らかできたのは小竹貝塚の発掘調査の成果である。

小竹縄文ムラの人びとは多様な集団であることがわかった。それは埋葬人骨にともなって出土した装身具や副葬品の違いからも追認できる。縄文社会というと、縄文土器を使用し、同じ食料をみんなで食べる単一な様相が想定されてきた。ところが、小竹貝塚の多くの埋葬人骨の分析から、そういった単純な社会ではなく、ヒトとモノが動き、個々人が選択して暮らす多様化した社会が、縄文時代でも前期という早い時期にすでにあったことが証明されたといえよう。

図75 ● 73号人骨（側臥屈葬：中年女性）
頭部が2つみえるが、下にあるのは別人の78号人骨で、73号人骨よりも前に埋葬されていた。

4　小竹貝塚のいま

貝層の剝ぎとりとレプリカ人骨の作成

財団の調査後、すぐに北陸新幹線の建設がはじまり、二〇一五年三月一四日に長野〜金沢間が開業し、調査地は現在、北陸新幹線の高架下となっている。とはいえ、小竹貝塚全体からみれば調査したのは一割にも満たないごく一部である。大部分は水田の下で静かに眠っている。もし全体を発掘したならば、本書で推定してきた空間利用とは異なる小竹縄文ムラの姿が明らかになるかもしれない。

財団調査部分は北陸新幹線の建設で現状保存ができなかったため、遺跡の様子を少しでも後世に残そうと、貝層の剝ぎとりとレプリカ人骨の作成をおこなった。貝層の剝ぎとりは、人骨が埋葬された箇所（前期中葉〜後葉のおよそ五〇〇年間）と、遺物をほとんど含まない箇所（前期末葉のおよそ一〇〇年間）の二カ所である（図76）。

発見した埋葬人骨は、写真や図面など記録をとった後、部位ごとにとり上げた。このため、発見当時の姿をとどめておくことはできなかった。せっかく埋葬された様子を良好な形で多くみつけることができたので、

図76 ● 剝ぎとり貝層の展示
前期末葉の剝ぎとり貝層。シジミとは思えない大きさの貝殻がぎっしりとつまっている。

その一部でも残せないだろうかと考え、レプリカを作成することにした。発掘時に3Dを使った高性能の測量データをとり、それをもとに樹脂で復元したものである（図77）。

発見した当時の色合いも忠実に再現してあり、生々しい。選ばれたのは12号人骨。磨製石斧四本を脇にもち、砥石を抱石とする小竹貝塚を象徴する埋葬状態の人骨である。12号人骨の下には改葬された13号人骨、左上には周産期人骨を納めた4号土器棺もあり、一つのレプリカに三人の異なる埋葬状態をみることができる。剝ぎとった貝層とレプリカは現在、富山県埋蔵文化財センターの展示室に展示している。

小竹貝塚人の復顔

富山県埋蔵文化財センターでは、小竹貝塚人のイメージを一般の方々にもってもらえるようにと、常設展示開設に合わせて人骨の復顔をおこなった（図78）。選ばれたのは28号人骨。仰臥屈葬で、推定身長は縄文男性の平均とほぼ同じ一五七・三センチである。青年男性で保存状態がよく、復顔には欠かせない鼻骨が残っていた。復顔をおこなったのは日本科学未来館の戸坂明日香さんである。

戸坂さんは国内で数少ない復顔師の一人で、解剖学の手順で復顔をおこなった。まず修復し

図77 ● 埋葬人骨のレプリカ
12・13号人骨と4号土器棺を出土状況そのままに再現。色合いがリアルである。

た頭骨を３Ｄプリンターで複製し、その上に筋肉や脂肪の厚さを想定し、杭をつけていく。そして杭にあわせて粘土を貼りつけていき、眼球を入れる。表情をあらわす筋肉や頭髪など細かい部分をヘラなどで創出する。これらから得られた原型をかたどりし、ＦＲＰ樹脂の素材で置き換える。そして皮膚や髪の毛などを彩色し、目にはプラスチック製義眼をはめ込む。結果、私も含め多くの人がもっている縄文人のイメージとは異なる精悍なマスクの復顔ができあがった。残念ながらこの人物の特徴である抜歯は結んだ口からはみることができないが。

富山県埋蔵文化財センターでは、財団報告書には掲載できなかった遺物の整理やその後の研究成果を踏まえて〝小竹貝塚研究プロジェクト〟を立ち上げた。このプロジェクトではセンター職員とともに普及・研究活動を手伝っている埋文ボランティアを加えて、小竹貝塚についてさまざまな見方で再検討・研究をおこなうこととしており、私も埋文ボランティアの一員として加わっている。本書も普及活動に寄与できるものと考えている。

小竹貝塚は、報告書刊行ですべて解決したわけではなく、まだまだわからないことが多く、研究の余地がたくさん残されている。今後の進展がたいへん楽しみである。

図78 ● 28号人骨の復顔
骨格の様相を見やすくするためヒゲはつけず髪を結んでいるが、カッコイイ。

参考文献

岡崎卯一　一九六六「呉羽町小竹貝塚の調査」『放生津潟周辺の地学的研究』三集、富山地学会・第一港湾建設局伏木富山港工事事務所

忍澤成視　二〇一一『貝の考古学』同成社

小畑弘己　二〇一五『タネをまく縄文人』吉川弘文館

金三津道子　二〇一五『平岡遺跡発掘調査報告』（公財）富山県文化振興財団埋蔵文化財調査事務所

佐々木由香・米田恭子・町田賢一　二〇一八「小竹貝塚出土の土器付着炭化鱗茎の同定」『大境』三七号、富山考古学会

縄文時代前期遺跡シンポジウム実行委員会　二〇一五『縄文時代前期遺跡シンポジウム資料集』

高瀬　保　一九五八「呉羽町小竹の貝塚について」『越中史壇』一四、越中史壇会

富山市　一九八七「小竹貝塚」『富山市史　通史〈上巻〉』富山市史編さん委員会

中尾智行・塚本浩司・瀬尾昌太　二〇一五『大阪府立弥生文化博物館図録五六　平成二七年度秋季特別展　海をみつめた縄文人―放生津潟とヒスイ海岸―』大阪府立弥生文化博物館

納屋内高史　二〇一八「小竹貝塚における集落変遷の再検討―貝層と墓域を中心として―」『富山市考古資料館紀要』三七号、富山市考古資料館

橋本　正　一九七二「富山市小竹貝塚遺跡」『富山県埋蔵文化財調査報告書Ⅱ』富山県教育員会

林夫門・溝口優司　一九八五「富山県朝日・小竹両貝塚出土の縄文時代人骨について」『国立科学博物館専報』一八、国立科学博物館

藤井昭二　一九九二「富山平野」『アーバンクボタNo.31』株式会社クボタ

藤田富士夫　一九七四『富山市小竹貝塚範囲確認調査報告書』富山市教育委員会

町田賢一　二〇一〇「富山市小竹貝塚」『北陸新幹線関係埋蔵文化財包蔵地調査報告（一〇）』財団法人富山県文化振興財団埋蔵文化財調査事務所

町田賢一　二〇一三「縄文時代」『上久津呂中屋遺跡発掘調査報告』（公財）富山県文化振興財団埋蔵文化財調査事務所

町田賢一編　二〇一四『小竹貝塚発掘調査報告―北陸新幹線建設に伴う埋蔵文化財発掘報告Ｘ―』（公財）富山県文化振興財団埋蔵文化財調査事務所

町田賢一　二〇一四「『小竹貝塚発掘調査報告』遺物補遺」『紀要　富山考古学研究』一七号、（公財）富山県文化振興財団埋蔵文化財調査事務所

山内賢一・林寺厳州・小林高範・古川知明　一九九三「小竹貝塚の遺物について」『富山市考古資料館紀要』一三号、富山市考古資料館

吉久登・本江洋　一九七七『小竹貝塚　写真集　骨角器編』

小竹貝塚

・富山県富山市呉羽町北・呉羽昭和町
・交通　あいの風とやま鉄道線「呉羽駅」下車、徒歩5分

調査地は現在、北陸新幹線の高架下となっている。調査地の隣接地に富山県教育委員会が遺跡の案内板を設置している。案内板は遺跡の概要を解説し、横にはゼンマイ式の日韓中英四カ国語対応の音声ガイダンス装置がある。現地で貝塚があることがわかる貴重な施設となっている。

現地案内看板と音声ガイダンス

富山県埋蔵文化財センター

・富山市茶屋町206—3
・電話　076（434）2814
・開館時間　9：00～17：00
・休館日　金曜日（祝日のときは翌週の最初の平日）、年末年始
・入館料　無料
・交通　JR富山駅よりバスで高岡方面行「呉羽山公園」下車、徒歩5分、または北代循環か新湊東口行「県立図書館前」下車、徒歩2分。あいの風とやま鉄道「呉羽駅」より徒歩30分。車で、国道8号線八町交差点より南へ2・5㎞、県道44号線峠茶屋交差点より0・4㎞。

常設展示で「小竹貝塚　縄文人の世界」と題して、縄文人骨から復元された小竹縄文人の姿や彼らの生活の一風景など、最新の情報を基に展示している。出土品は大量にあることから、トピックスをあげて、年に数回展示替えをおこなっている。

なお、『小竹貝塚発掘調査報告—北陸新幹線建設に伴う埋蔵文化財発掘報告X—』は、三分冊一二二〇頁とCDからなるが、独立行政法人奈良文化財研究所のホームページの全国遺跡報告総覧(http://sitereports.nabunken.go.jp/ja)から、PDFをダウンロードすることができる。

富山県埋蔵文化財センターの展示室

遺跡には感動がある

——シリーズ「遺跡を学ぶ」刊行にあたって——

「遺跡には感動がある」。これが本企画のキーワードです。

あらためていうまでもなく、専門の研究者にとっては遺跡の発掘こそ考古学の基礎をなす基本的な手段です。また、はじめて考古学を学ぶ若い学生や一般の人びとにとって「遺跡は教室」です。

日本考古学では、もうかなり長期間にわたって、発掘・発見ブームが続いています。そして、毎年厖大な数の発掘調査報告書が、主として開発のための事前発掘を担当する埋蔵文化財行政機関や地方自治体などによって刊行されています。そこには専門研究者でさえ完全には把握できないほどの情報や記録が満ちあふれています。しかし、その遺跡の発掘によってどんな学問的成果が得られたのか、その遺跡やそこから出た文化財が古い時代の歴史を知るためにいかなる意義をもつのかなどといった点を、莫大な記述・記録の中から読みとることははなはだ困難です。ましてや、考古学に関心をもつ一般の社会人にとっては、刊行部数が少なく、数があっても高価なその報告書を手にすることすら、ほとんど困難といってよい状況です。

いま日本考古学は過多ともいえる資料と情報量の中で、考古学とはどんな学問か、また遺跡の発掘から何を求め、何を明らかにすべきかといった「哲学」と「指針」が必要な時期にいたっていると認識します。

本企画は「遺跡には感動がある」をキーワードとして、発掘の原点から考古学の本質を問い続ける試みとして、日本考古学が存続する限り、永く継続すべき企画と決意しています。いまや、考古学にすべての人びととの感動を引きつけることが、日本考古学の存立基盤を固めるために、欠かせない努力目標の一つです。必ずや研究者のみならず、多くの市民の共感をいただけるものと信じて疑いません。

二〇〇四年一月

戸沢 充則

著者紹介

町田賢一（まちだ・けんいち）

1973年、埼玉県生まれ。

東海大学文学部史学科日本史学専攻卒業。

現在、富山県埋蔵文化財センター埋文ボランティア、公益財団法人富山県文化振興財団埋蔵文化財調査課主査。

主な著作　「北陸における縄文墓制―小竹貝塚を中心に―」『季刊考古学』130号（雄山閣）、「富山県小竹貝塚―"日本海側最大級の貝塚"調査―」『動物考古学』32号（動物考古学会）、「富山県における"貝塚"のあり方」『大境』29号（富山考古学会）

写真提供（所蔵）
図1（下）・11・12・13・14・17・19・20・21・23・24・25・28・31・34・36・37・39・40・44・45（下）・46・47・48・49（左・右上）・50・52・53・54・55・56・61（左）・62（早川和子画）・63・64・65（左）・68・69（左）・70・73・75：富山県埋蔵文化財センター／図7：富山市 1987／図8：富山市教育委員会／図38・51：奈良文化財研究所／図61（右）：福井県立若狭歴史博物館
上記以外は著者

図版出典・参考（一部改変）
図2：国土地理院電子地形図20万「富山」「高山」／図4：藤井昭二 1992／図5：高瀬 1958／図6：岡崎 1966／図7（上）：橋本正 1972／図9：吉久登・本江洋 1977／図10：山内他 1993／図15・16・18・22・26・27・41・58・71（左）・72（左）・74（左）：町田編 2014／図66：篠田謙一 2014「ＤＮＡ分析」『小竹貝塚発掘調査報告―北陸新幹線建設に伴う埋蔵文化財発掘報告Ｘ―』／図67：米田穣 2014「炭素・窒素安定同位体分析」（同図67）
上記以外は著者

シリーズ「遺跡を学ぶ」129

日本海側最大級の縄文貝塚　小竹《おだけ》貝塚

2018年 9月 15日　第1版第1刷発行

著　者＝町田賢一

発行者＝株式会社 新 泉 社
東京都文京区本郷2−5−12
TEL 03（3815）1662／FAX 03（3815）1422
印刷／三秀舎　製本／榎本製本

ISBN978−4−7877−1839−6　C1021

シリーズ「遺跡を学ぶ」

第1ステージ（各1500円＋税）

04 原始集落を掘る 尖石遺跡 勅使河原彰
07 豊饒の海の縄文文化 曽畑貝塚 木﨑康弘
12 北の黒曜石の道 白滝遺跡群 木村英明
14 黒潮を渡った黒曜石 見高段間遺跡 池谷信之
15 縄文のイエとムラの風景 御所野遺跡 高田和徳
17 石にこめた縄文人の祈り 大湯環状列石 秋元信夫
19 縄文の社会構造をのぞく 姥山貝塚 堀越正行
27 南九州に栄えた縄文文化 上野原遺跡 新東晃一
31 日本考古学の原点 大森貝塚 加藤 緑
36 中国山地の縄文文化 帝釈峡遺跡群 河瀬正利
37 縄文文化の起源をさぐる 小瀬ヶ沢・室谷洞窟 小熊博史
41 松島湾の縄文カレンダー 里浜貝塚 会田容弘
45 霞ヶ浦の縄文景観 陸平貝塚 中村哲也
54 縄文人を描いた土器 和台遺跡 新井達哉
62 縄文の漆の里 下宅部遺跡 千葉敏朗
70 縄紋文化のはじまり 上黒岩岩陰遺跡 小林謙一
71 国宝土偶「縄文ビーナス」の誕生 棚畑遺跡 鵜飼幸雄
74 北の縄文人の祭儀場 キウス周堤墓群 大谷敏三
78 信州の縄文早期の世界 栃原岩陰遺跡 藤森英二
80 房総の縄文大貝塚 西広貝塚 忍澤成視
83 北の縄文鉱山 上岩川遺跡群 吉川耕太郎
86 京都盆地の縄文世界 北白川遺跡群 千葉 豊
87 北陸の縄文世界 御経塚遺跡 布尾和史
89 狩猟採集民のコスモロジー 神子柴遺跡 堤 隆
92 奈良大和高原の縄文文化 大川遺跡 松田真一
97 北の自然を生きた縄文人 北黄金貝塚 青野友哉
別1 黒耀石の原産地を探る 鷹山遺跡群 黒耀石体験ミュージアム
別3 ビジュアル版 縄文時代ガイドブック 勅使河原彰

第2ステージ（各1600円＋税）

107 琵琶湖に眠る縄文文化 粟津湖底遺跡 瀬口眞司
110 諏訪湖底の狩人たち 曽根遺跡 三上徹也
113 縄文のタイムカプセル 鳥浜貝塚 田中祐二
120 国宝土偶「仮面の女神」の復元 中ッ原遺跡 守谷昌文
124 国宝「火焔型土器」の世界 笹山遺跡 石原正敏